無意識さん、催眠を教えて

大嶋信頼

光文社

はじめに

〝催眠術師〟が芸能人を相手に、「酸っぱいレモンが甘く感じられる」と暗示をかけ、そして「はい！」というと、レモンをかじった芸能人が、「あー！　甘い！」と大きな声をあげ、スタジオの観客から「ワーッ！」と歓声が湧きあがる――。

テレビのバラエティ番組でこんな場面を見て、「あんなふうに自分も催眠術ができたらかっこいいだろうな～」と思った人は少なくないでしょう。

実は、この私がそうでした。当時、私はすでにカウンセリングの仕事をしていたのですが、こんな「かっこいい催眠術」を教えてもらいたくて、〝催眠のお師匠さん〟（私の催眠の師である「すごい先生」を私はこう呼んでいます）の講習会を受けることにしたのです。

ところが、行ってみてびっくり。

はじめに

催眠のお師匠さんが教えてくれることって、「相手の肩の動きに注目して、自分の呼吸を相手の呼吸に合わせる」とか「相手が〝イエス〟と答えられるように質問を繰り返す」といったものばかりで、「あなたは○○ができるようになる！」といった一発で効きそうな派手な暗示は使いません。

私は、その場で相手がびっくりするような劇的な変化を起こせるのが催眠だと思っていました。だから、催眠術をマスターすれば、相手を思い通りにコントロールできて、相手の痛みや悩みを瞬時に取り去ってあげられる、と期待していたのです。

それに比べ、お師匠さんの催眠はとにかく地味です。私は、「自分が求めているものとは違う」と心の中で反発しながらも、お師匠さんに言われるまま、催眠の練習を続けていました。

当時、帰りの電車の中では、乗客を相手に何度も「呼吸合わせ」を試しました。すると、たいてい、相手のほうがスヤスヤと眠ってしまうのですが、「寝ちゃったからといってなんなの？」という心の声が聞こえてきて、まだ催眠療法の威力を認めることができませんでした。

そんなある日、職場でのカウンセリングのときに、「家族関係も仕事も全てがうまくいかなくて夜も眠れない」という中年のサラリーマン男性に、「呼吸合わせ」を試してみることにしました。

ほどなく、男性は電車の乗客と同じように、眠り状態に入ってしまいます。でも、果たしてこのことにどんな効果があるのか、私には確信が持てません。

次の週、またこの男性が相談室にいらっしゃいました。前回と表情がガラッと変わって、別人のように明るく輝いています。

そして、いきなり私の手をつかみ、「先生！　ありがとうございました！」とおっしゃるのです。

私は、カウンセリングの仕事をしてきて、それまで言われたことのなかった言葉をかけられ、大いに戸惑いました。

男性は「私は学生の頃から、カウンセラーになりたいという夢があったのを思い出したんです！　会社をやめてカウンセラーになる勉強を始める決心をしました！」と嬉しそうに話してくださいました。

私は「呼吸合わせ」というかんたんな催眠のテクニックしか使っていなくて、ただ男性を眠らせてしまっただけだと思っていました。男性の心にいったい何が起こったのでしょうか。

くわしくは本文に書きますが、この中年男性を動かし、導いたのは「無意識」の力です。

眠りのような催眠状態になったとき、悩める男性の無意識が、男性の記憶の倉庫をきれいに整理してくれて、「カウンセラーになりたい」という人生の希望を思い出させてくれたのです。

お師匠さんの催眠は、人を暗示でコントロールしたり、誘導したりするものではありません。かんたんにいえば、相手に、自分の無意識の力を自由に使えるように助けてあげるものなのです。

無意識の力はあなどれません。意識には限界があるけれど、無意識には限界がないからです。

お師匠さんの催眠療法では、催眠を受けた人がいつの間にか無意識の力を限界なく自由に使えるようになります。つまり「無敵」になるのです。

催眠で無意識の力が自由に使えるようになると、「誰と話をするにしても緊張しなくなる」「人との信頼関係をかんたんに築ける」「リーダーシップを発揮できる」「アイディアがどんどん浮かんでくる」など、それまでの自分では考えられなかった不思議な展開が実生活でどんどん起こり始めます。その変化は、決して「地味」ではありません。

本書で紹介する催眠療法のテクニックは、どれもいたってシンプルで、仕組みも「なーんだ！」と思うくらいかんたんです。

そういえば、初めて読んだお師匠さんの催眠の本には、「この催眠のテクニックを決して悪用しないでください」と書いてあったけれど、「こんなにかんたんで誰でもできる催眠をどうやって悪用するの？」と当時の私は心の中でツッコミを入れていました。

でも、今の私なら、「かんたんだけど、こんなにすごいことになるんだから、あの一文は必要だったんだ！」ということが痛いほどわかります。

本書にも、この一文は必要なようです。

誰にでもできるかんたんな催眠療法ですが、決して悪用はされませんように——。

令和二年　葉月

大嶋信頼

目次

はじめに 002

第1章
〝マイナスの暗示〟から自由になろう！

1
催眠は誰でもかんたんにできる！
● 催眠との出会い 022
● ちょっと変わった催眠体験 024
● 「強い大人の女性」に変身！ 027
● 無意識の癒しで自分を、世界を変える 029

2
無意識の力を借りて本当の自分に！
● 「あなたはニワトリです」が催眠？ 031

● 無意識が私たちを助けてくれている 033
● 考えられないようなことが起きる！ 035

3 誰もが〝マイナスの暗示〟をかけられている！

● 「風邪ひいた？」のひと言で本当に風邪をひく 037
● 人間関係がうまくいかないのも暗示のせい？ 039
● 母親からの〝呪い〟にご用心 041

4 暗示を解いてもっと自由になろう！

● 上司の前で緊張するのはなぜ？ 043
● 暗示を解いて本来の自分を取り戻す 045

5 催眠状態の自分が本当の自分

● 会話が苦手な人にかかっている暗示 049

● 無意識のすることはすべて美しい！ 052

6 催眠のお師匠さんとの出会い
● 苦しんでいる人を楽にしてあげたい 054
● お師匠さんの講習会でびっくり！ 056
● 〝灰色の意識の壁〟を打ち破れ！ 058

第2章 催眠の主役〝無意識さん〟の正体

1 天才・エリクソン博士の催眠
● 子ども時代の天才エピソード 062
● 〝許し〟と〝優しさ〟に満ちた療法 064
● 無意識はあなたを許し、受け入れる 067

2

〃無意識さん〃には限界がない

「オープン・ダイアローグ」とは？ 070

〃孤独の発作〃が悩みの原因？ 072

3

〃孤独の発作〃があなたを迷わせる

映画『サイコ』の催眠シーン 075

無意識の世界は楽しいことばかり 077

4

ミラーニューロンの不思議

相手の脳の真似をするミラーニューロン 080

催眠で相手の知識も自由自在 082

インターネットとミラーニューロン 084

5
催眠の効果―1
ボーッと何も考えない人になれる
● ボーッとしていることの幸せ 087
● 相手を救い、自分も救われる 090

6
催眠の効果―2
楽チンな人間関係が作れる
● 3日間の研修で新入社員が変身! 092
● 「素の自分」「ただの人」になる 094

7
催眠の効果―3
「自己効力感」でみんなハッピー!
● 「自分はダメ人間」と思っている人へ 098
● 周りの人がどんどん幸せになっていく! 100

8
催眠の効果―4
嫌な記憶が消えていく
● 嫌な記憶が不快でなくなった! 103

●記憶の引き出しに整理されて…… 105

9
催眠の効果―5
無敵の〝アホ人間〟になれる
●いつまでも消えない心の傷が癒された！ 108
●無意識がなんとかしてくれる！ 110

第3章

催眠で〝ブレイクスルー〟を起こす

1
「呼吸合わせ」で相手との垣根を取り払う
●初めて会った相手が打ち解けすぎ！ 114
●タクシーの運転手さんにかけてみた 116

● 不思議な〝ブレイクスルー〟 119

2

「イエスセット」の催眠テクニック

● 相手に「はい」を3回繰り返させる 121
● 繰り返す順番は「見て、聞いて、感じて」 124
● 意識の〝武装〟が解除され催眠の入り口へ 125
● 「見て、聞いて、感じて」の日常生活への応用 128

3

「客観的データ」で無意識と一体になる

● エリクソン博士が駆使した「スクリプト」とは？ 130
● 「客観的データ」の催眠力 132
● 催眠の世界の入り口を開ける鍵 134

4

「スクリプト」で無意識の力は無限大

● 「拒絶」が「変化」を阻んでいる 137
● お釈迦様もスクリプトの達人だった 139
● スクリプトの作り方のコツ 141
● 「イエスセット」でスクリプトがどんどん書ける！ 143

5 催眠をかけるときの約束事

● 相手をコントロールするのが催眠ではない 145
● スクリプトを使う時の注意点 147
● 相手と自分へのリスペクトが前提 148
● 無意識という言葉自体に催眠効果がある 150

6 催眠の解き方と注意点

● 催眠からの覚醒を促す3つのフレーズ 152
● 催眠は覚醒してからが本番 154

第4章

超かんたん催眠「呼吸合わせ」のテクニック

1
催眠は日常生活でこそ役に立つ
● イタリアンのお店での出来事 158
● コツは相手の「肩の動き」に合わせること 160
● 「意識するだけ」で催眠状態へ 163
● 「呼吸合わせ」は催眠の基本 164

2
催眠で相手と自分の緊張を解く
ケース1 「苦手なママ友」と一緒にいる時間が耐えられない 167

ケース2 息子が授業で当てられるのが嫌で学校に行きたがらない 170

3 催眠で相手との信頼関係を築く

ケース3 「女だから」とバカにする部下と信頼関係を築きたい 175
ケース4 営業先の相手と打ち解けてもっと大きな成果を上げたい 179

4 催眠で相手の感情や本音を知る

ケース5 意中の男性を自分に振り向かせ、本心を聞き出したい 183
ケース6 離婚を考えているが、夫の気持ちを確かめたい 186

5 催眠で相手のすごい力を引き出す
ケース7 娘を部活のレギュラーにしてやりたい 190
ケース8 暗記全般が苦手で学校の授業についていけない 193
6 催眠で"孤独地獄"から脱け出す
ケース9 家事も仕事も頑張っているのに家族から感謝されない 201
ケース10 誰にも心を開けず、人間関係のトラブルが絶えない 205
おわりに 210

装画　あらいぴろよ
装丁　坂川朱音
本文デザイン　坂川朱音＋田中斐子（朱猫堂）
本文イラスト　坂本志穂里
編集協力　コーエン企画（江渕眞人）

第1章

“マイナスの暗示”から自由になろう！

1 催眠は誰でもかんたんにできる！

催眠との出会い

学生の頃、私はとにかく勉強ができなくて、「もっと集中力、記憶力があったらな」と思い悩んでいました。

何かいい方法はないかと、いろんな勉強術の本を買ってきたり、ショッピングセンターで見つけた、ちょっと怪しげな「記憶力をよくするハーブ」まで試したりしました。

そんなある日、本屋さんでたまたま『催眠術で集中力が上がる』というカセットテープを見つけ、即購入しました。

レコーダーの再生ボタンを押すと、「あなたは、赤いじゅうたんの階段を一段ずつゆっくりと降りていきます……」という男性の低い声が聞こえてきます。

「そしてあなたはだんだん深い眠りのような感覚に……」と続きます。

私はいつのまにか目を閉じて眠ってしまっていました。

それから、ちょくちょくこのテープを聞くようになりました。それで勉強に集中できるようになったという実感はなかったのですが、テープを聞くと気持ちよく眠れたので、**「催眠って面白いかもしれない」**と興味を持ちました。

これが私と催眠の最初の出会いでした。


本格的に催眠を勉強してみようと思ったのは、カウンセリングの仕事を始めてからです。

あとで詳しく紹介しますが、カウンセリングに活かせないかと思って、**「催眠療法を習いに行こう！」と決心し、出向いたのが「催眠のお師匠さん」の講習会でした。**

でも、そこで教わったのは、私が期待していた「赤いじゅうたんが……」みたいな催眠術とはまるっきり違ったものでした。

ちょっと変わった催眠体験

職場の同僚の女性数名と、近所のラーメン屋さんに行ったときのことです。

そのうちの一人が、誰から聞いたのか、「最近、催眠療法を習ってるんだって⁉」と私に話しかけてきました。

「あっ！　これって『催眠をかけて！』と言われちゃうパターンだ！」と嫌な予感がしていたのが的中しました。

「ねえ、ねえ！　ここで私に催眠をかけて！」とラーメン屋さんのテーブル席でお願いされてしまいました。

たぶん普通の催眠だったら「静かな薄暗いところじゃないとダメ」という話になるでしょうが、**私が習った催眠はちょっと変わっていて、場所はどこでもOKでした。**

まだ教わったばかりだし、実際に相手と面と向かって試したこともなかったしで自信はなかったのですが、私は、「催眠ができるなんてすごい！」と女性からちやほやされたいという邪《よこしま》な動機で、つい「いいよ！」と言ってしまいました。

お師匠さんから教わった催眠は、こんな感じで進行します。

私は、まず相手に、「住んでいるアパートのドアは何色?」と聞きました。

相手は「灰色」と答えます。

続けて「ドアを開けたら靴が置いてある? それとも靴は下駄箱の中?」と質問します。

相手は、「白い下駄箱があって、そこに入っている靴があるけど、扉が閉まっていてそれは見えなくて、そこに入らなかった2足の靴がコンクリートの玄関の床に置いてある。靴の色は茶色と白で、一つは運動靴……」というように具体的に教えてくれます。

「玄関を入ると幅が1~1・5mぐらいのこげ茶色のフローリングの廊下があって、その先のガラスが入っているドアを開けて部屋の中に入ると、床にはカーペットが敷いてあって、その上に直径1mぐらいの木製のちゃぶ台が置いてある……」とさらに続きます。

周りにいる女性たちは「これから何が起こるんだろう?」と興味深そうに眺めてい

ます。

こうして彼女の部屋の間取りや情景を具体的に聞き出し、頭の中でそのイメージを反芻《はんすう》しているうちに、ある物語が私の頭の中に浮かんできます。

その物語を、お母さんが小さな子どもを寝かしつけるときのように、ゆっくりと相手の女性に語り聞かせました。

それは、ある動物が自分の飼い主を探し求める物語で、本当の飼い主に出会うまでの間に様々な困難を乗り越えていく、というものでした。

ラーメンのスープが生ぬるくなった頃、私は物語を語り終えました。

すると、相手の女性の頬を涙が流れています。

「あー! 泣かせちゃった!」と一緒にいた女性たちが囃《はや》し立てました。

こうして私の催眠療法は終わりました。

「強い大人の女性」に変身！

それからしばらくして、その泣かせてしまった女性から、「おかげでやっと別れられたの」と打ち明けられました。

「えっ？　なんのこと？」と聞いてみると、次のような話でした。

彼女はある男性と暮らしていたのですが、彼はちっとも働かないで、彼女の給料で暮らしていたらしい。いわゆるヒモのような男。

もちろん、催眠をかけたときには、そんなことは教えてくれませんでした。友だちから何度も「そんな男とは別れたほうがいいよ！」と言われても、どうしても別れることができなかったそうです。

実は、彼女から家の間取りや部屋の情景を聞かせてもらったときに、「あれ？　何かおかしい」と思ったのですが、それは、男性の影がその部屋に見え隠れしていたからでした。

そんな彼女が、私の作った「飼い主を探す動物の物語」を聞いただけで、突然、家から出る決心をし、問題の男性を捨てて一人暮らしを始めたというのです。

「今はもう男のことを考えることもなくなっちゃった。これまでの自分だったら考えられない！　催眠ってすごいね！」と褒めてもらいました。

もちろん、私は、その女性からどんな悩みがあるのかも聞かされていなかったし、男性と一緒に住んでいることすら知らなかった。

でも、**無意識を使って相手の悩みを受け取り、「その悩みを解決するための物語」を作り出し、実際に解決していました。**

しかも場所は、昼食時のラーメン屋さんのテーブル席。

そんなガヤガヤした場所で、相手を催眠状態に入れて、**これまで彼女の力ではどうにも解決できなかった異性問題を、ラーメンのスープがちょっと冷めるくらいの時間ですっきり解決してしまったのです。**

その後の女性の変化は誰の目にも明らかでした。職場では、もともと他の同僚に頼りがちな甘えん坊な女の子でしたが、日に日にたくましくなり、仕事も以前よりしっかりできる「強い大人の女性」へと変わっていったのです。

無意識の癒しの力で自分を、世界を変える！

当時はまだ、「お師匠さんのように催眠の物語を生み出すことなんか自分には無理だ」という思いがあったのですが、ラーメン屋さんでの体験は、私自身にも貴重なブレイクスルーになりました。

「催眠って本当に、誰にでもかんたんにできるんだ！」と、自分でもびっくりしました。催眠は特別な人だけができるものではなくて、誰でもかんたんに使えるもの、というのが催眠のお師匠さんの教えです。

私が現在使っている催眠は、お師匠さんの催眠ともちょっと違っていますが、催眠療法の癒しの力が誰にでもかんたんに楽しく使えるようにと、私自身で工夫を重ねてきたものです。

催眠の無意識の力は「催眠療法を使ってみたい」と思う人の心に宿ります。

その無意識の癒しの力を使って、自分の周りの世界を、そして自分自身を変えることができるのです。

2 無意識の力を借りて本当の自分に!

「あなたはニワトリです」が催眠?

催眠のお師匠さんに出会う以前の、私が感じていた催眠のイメージは、暗示で「人を思うようにコントロールできる」というものでした。

相手を眠ったような催眠状態に入れ、暗示の言葉どおりに相手をコントロールするのが催眠である、と思っていました。

たとえば、テレビの番組で、催眠術師が出演者の一人に、「あなたはニワトリです」と暗示を入れると、「コッコッコッコ」と両手をバタつかせながら歩き回ります。あるいは、「嫌いなピーマンが大好きになります」と言われて、ピーマンを美味しそうにいくつも丸かじりしたり……。

こんなシーンを見て、私も、「催眠をやってみたいなあ」と漠然と思うようになりました。

ところが、のちに私が出会うことになる催眠のお師匠さんの催眠は、私にとって意外なものでした。これまで、テレビで見てきたような催眠とは全然違っていたので、「あれ?」となってしまいました。

相手を「眠りのような催眠状態」に入れるのは同じですが、そのあと、相手の悩みを解決するための暗示を入れないのです。

「男の人と喋るのが苦手」な女性だったら、「男の人のことが怖くなくなる!」とか「男の人と喋っていると楽しくなる!」といった〝暗示〟を入れちゃえばいいのに、と思うのですが、お師匠さんの催眠はそれをしないのです。

無意識が私たちを助けてくれている

お師匠さんの催眠の基本は、「無意識が私たちを助けてくれている」というものでした。これだけだと、なんのことやらわからないと思いますので、私が実際に立ち会ったケースを紹介しましょう。

「ある男性と親しくなりたいんだけど、彼の前に出るとすごく緊張してしまう」という女性の相談者です。

この場合、無意識がどのように絡んでいるかというと、「女性は意識ではこの男性に近づきたいと思っているが、**無意識が女性を助けようとして(男性から遠ざけようとして)、女性を緊張させている**」と考えます。

私はお師匠さんからこの説明を聞いたとき、「それがわかったからといって、〝男性と親しくなりたい〟という女性の望みを叶えてあげられるの? ただの理屈でしょ?」などと大変失礼なことを思っていました。

ところが、この女性は催眠療法を受けたあと、「あ! 私が緊張した男性は、私が関わったら危ない人だったんだ！」ということに気がつくのです。**〝緊張〟が、危ない男性に近づくことへのブレーキになって、彼女を守ってくれていたのです。**

このときの催眠体験をきっかけに、この女性は、どんな人の前でも以前よりリラックスできるようになり、人と話をすることが楽しくなっていきました。表情まで生き生きと、明るく変わったのです。

このように、**催眠は、悩んでいる人の無意識が、その人をちゃんと助けてくれていることに気づかせてくれます。〝無意識の助け〟に気づくことができたら、その人は本来の自分に戻っていき、人生がどんどん楽しく、美しくなっていくのです。**

私は、お師匠さんの催眠を目の当たりにして、これまでの自分が、手品のように暗示のひと言で相手を操り、「大嶋さんってすごい！」と女性から尊敬の眼差しで見られたくて催眠に興味を持っていたんだな、とちょっと恥ずかしくなりました。

考えられないようなことが起きる！

正直な話、お師匠さんの催眠を学び始めてからも「テレビでやっているようなショー的な催眠のほうがいいんだけどなあ」と迷うことは何度もありました。

でも、悩んでいる人が無意識の力の助けを借りて、本来の自分の姿に戻っていくその〝美しさ〟に、私は魅せられ、ほかの催眠を勉強するタイミングを逸してしまいました。

お師匠さんの催眠は、術者が相手に催眠をかけてコントロールする、というような、「術者が上で、相手が下」という上下関係の催眠ではなく、**相手が本来持っている無意識の力を引き出し、〝無意識さん〟に教えていただくという、とても謙虚な催眠でした。**

そもそも、私たちの生命維持に欠かせない呼吸も心臓の動きも自律神経が支配していて、それは無意識で行われています。

呼吸をしているときは、無意識がその回数や酸素の供給量を自動的に調節してくれています。心臓の鼓動も、常に無意識のうちに動いています。

つまり、無意識が私たちの生命を助けてくれているのです。

もう一つ、お師匠さんの催眠療法で特徴的なのは、一方的に相手にかけるのではなく、催眠を使う側も催眠状態に入り、自分の無意識の力に助けられるという点です。

催眠中は、自分の意識では考えられないようなことが起きるので、そこに無意識のすごい力を実感できます。

そして、自分の意識が望んでいたこと以上の〝美しい結末〟を見ることができるのです。

一つだけ問題があるとすれば、この催眠では、催眠を使ったほうが「何一つやった気がしない」ということかもしれません。

「すべて〝無意識さん〟がやったことで私ではない」とわかっているので、相手からどんなに感謝されても、自分では手放しの喜びはなかなか感じられません。

でも、この催眠を使えば使うほど無意識の働きに魅せられ、「地味だけどすごい！」と思わせてくれるのです。

3

誰もが〝マイナスの暗示〟をかけられている！

「風邪ひいた？」のひと言で本当に風邪をひく

「あなたも知らないうちに暗示をかけられている」と言われてもピンとこない人もたくさんいるかもしれませんが、**友だちや家族から、「あれ？　声の調子がおかしいね。風邪ひいた？」などと言われたことはありませんか？　これが、暗示です。**

すると、それまではなんともなかったのに、言われたあとからなんだか身体がだるくなったり、熱っぽい感じがしてきて、「あ、風邪をひいてしまったかも？」と実際に症状が出てきます。

お医者さんに行くと、「喉が炎症を起こしていますね、風邪ですね」と言われてしまいます。確かに風邪の症状があって、熱だって出ていた。このように、暗示で本当の病気になってしまったりするのです。

以前の私もそんな調子でしょっちゅう風邪をひいていて、一年のうちに何度も風邪薬が必要になっていました。ところが私に対して「風邪をひいた？」という人が周りにいなくなったら、「あれ？　全然風邪をひかなくなった！」となるから不思議。

もし「風邪をひいたかな？」と思ったら、「これって暗示だよね」と気がついてあげるだけで、「あー！　症状がいつのまにか消えていた！」となって、元気に動けてしまっている。

つまり、「風邪をひいて調子が悪い」というときは、実は、誰かの暗示が効いている可能性があるのです。

私の場合、こんなありがたくない暗示をかけてくれていたのは、職場の親切な年配の女性でした。

「あれ？　ちょっと顔色が悪いんじゃない？」とか真面目な顔で心配されると、一発で「暗示が入りました！」となってしまいます。

おかげで、風邪どころか、救急病院に運ばれる体験までずることができました。

あるインタビューを受ける前に、その女性から「あなた、大事なときに緊張するけど、大丈夫？」と言われたら、インタビューの冒頭で見事に頭が真っ白になって、そのあともちゃんと答えられなくなり、思いっきり恥をかいたこともありました。

もちろん、当時の私は、この女性から暗示をかけられているなんて、思いもしませんでした。

でも、お師匠さんの催眠を受けるようになってから、「あれって全部、暗示だった！」ことがわかります。

そして、私があの女性の暗示にかんたんにかかってしまうのは、「自分の母親と重なっているからかも！」と気づいたのです。

人間関係がうまくいかないのも暗示のせい？

子どもの頃の私は、母親から「あんたはすぐに風邪をひくから！」とよく言われていました。それが、母親からのマイナスの暗示でした。だから、しょっちゅう風邪をひいていました。

ほかにも、**私は母親から多くのマイナスの暗示を入れられていました。**

「あんたは勉強に集中できない」とか「三日坊主で何をやっても続かない」「余計なひと言を言って人から嫌われる」と、たくさんの〝注意〟を受けていたのですが、「あれってみんな暗示だったんだ！」とのちになって気がつきます。

社会人になってからも、「自分は集中力がなくて仕事がはかどらない」「必ず余計なひと言を言ってしまって人間関係がうまくいかない」と本気で信じていて、どんなに自分で努力しても変えられないと悩んでいました。

これらはすべて、母親からのマイナスの暗示が〝効いていた〟のです。

しかし、**そのことがわかってからは、重要な仕事にも、時間が経つのを忘れてしまうくらい集中して取り組めるようになった自分にびっくりします。**

人間関係も「いつもだったらこのへんで余計なひと言を言っていたんだな」と自分で気づいて自分で止められる。そして、そつなく人間関係を構築して、それを大切にできる。そんな器用さが自分にもあることを知るのです。

今までの自分は、マイナスの暗示で悪い催眠状態にあったのかと思うと、ちょっとショックでした。

そのことに私は長年気づくことができなかった。自分のダメな特徴は性格や能力のせいだから変えられないと、ずっと信じていたのです。

母親からの〝呪い〟にご用心

脅かすわけではありませんが、これってみなさんも同じです。

みんな、知らないうちに誰かの暗示が入っているのです。

ただ、暗示だと気づいていないだけ。

「つい余計なものを食べてしまう」とか、「運動が苦手」「すぐに怒る」など、**その人の特徴とされていることがらは、たいてい暗示によって作られています。**

本人が、それが自分の特徴であって変えることができないものと信じてしまっているのは、「暗示」が効いているからなのです。

暗示の力はあなどれません。

だから、下手な催眠をかけてもらうくらいなら、あなたのことを心配して、いろんなことを助言してくれる母親の話を聞いたほうがよっぽど効くかもしれません。ただし、呪いのような暗示を入れられてしまいますが。

もちろん、母親からしたら、わが子をダメにしようとして暗示を入れているわけではありません。

「立派な大人に育って欲しい」と願うから助言・注意をするのですが、それがすべてマイナスの暗示となって子どもを催眠状態に入れ、自分で自分のことがコントロールできない状態を作り出すのです。

ですから、「私には暗示は効かない」と思っている人でも、すでに子どもの頃に母親など大人からの暗示の影響はたくさん受けていて、その暗示によって知らないうちに今の社会で生きづらい自分になっていたりします。

あなたが気づいていないだけなのです。

4 暗示を解いてもっと自由になろう！

上司の前で緊張するのはなぜ？

今、私はコンピュータのキーボードを打ちながらこの文章を書いていますが、自分のどの指がどのキーを打っているのかを意識しながら文章を書いているわけではありません。

皆さんも同じだと思いますが、指がキーの場所を覚えていて、頭の中で浮かんだ文章に応じて無意識にキーを叩いています。

これを、たとえば「右の小指ではカッコを打つんですよ！」と意識し始めたら、とたんにちょっと考えるようになってしまって打つのに時間がかかったり、間違ったキーを打ってしまったりします。

「右手の人差し指では」「左手の中指では」などと意識してやろうとすればするほど、うまくできなくなるのです。

このように、無意識でキーボードを叩いていたら自由にいくらでも文字を入力できていたのに、意識するとそれがうまくできなくなってしまう感じ、それが暗示です。暗示は、無意識でやっていることを意識させるのです。

「私はそんな暗示になどかかっていない！」という人もいるかもしれませんが、暗示の影響から逃れるのはかんたんではありません。

たとえば、上司の前や偉い人の前で緊張してしまって思っていることを喋ることができなかったり、緊張のあまり言わなくてもいいことを言ってしまってあとで後悔したりした経験は誰だってあるでしょう。

このように、相手のことを意識すればするほど、ふだんどおりの会話ができなくなるのは、そこに暗示が入っているからです。

「偉い人の前だと緊張する」という暗示が常識のように自分の中に入っているから、偉い人の前に出ると、いつものように自然に話をすることができなくなるのです。

そもそも「緊張しちゃうとうまく喋れない」ということ自体が暗示。だって「緊張」したらどうして「うまく喋れない」になるんでしょう？　これも常識の仮面をかぶった暗示であって、それによって本来とは違った姿に私たちを変えてしまっているのです。

もうおわかりでしょう。**暗示を解いて、本来の自由な姿にするのが催眠です。そして、緊張の暗示が解かれた状態が、本来の自分であり、無意識の状態なんです。**

暗示を解いて本来の自分を取り戻す

暗示を解く方法は様々ですが、たとえば「偉い人の前だと緊張しちゃう」という場合は、まず暗示が入りやすい状態を作り出してから、「目の前の人はあなたのお母さんです」という暗示をかけます。こうして、**目の前に偉い人がいても、「家族と一緒にいるような状態」にして〝緊張の暗示〟を解くことができます。**

「そんなまどろっこしいやり方じゃなくて、〝あなたは偉い人の前でも緊張しない〟というような、すでに入れられている暗示を打ち消す暗示を入れればいいのでは？」と考える読者もいらっしゃるかもしれません。

でも、それだと、小指でパソコンのキーボードのカギカッコを打つのが苦手という人に、「あなたは小指でかんたんにカギカッコを打てる」という暗示をかけるのと同じになりますから、余計に偉い人を意識して緊張してしまうことになります。

このように、**〝意識〟してしまうと〝暗示〟が自動的に発動してしまうので、「意識が働かない」状態にする必要があるのです。**

「あなたが緊張してしまう人はあなたのお母さんです」という暗示を入れると、意識が「え？？？」となりますから、その瞬間に暗示の雲が晴れて、無意識の光が垣間見《かいまみ》えることになります。

この暗示を受けた人は、「あなたが緊張する偉い人は母親」と言われて、「なんでやねん！」とツッコミを入れたくなるでしょう。「母親の前で緊張なんかするわけない！」「そもそも自分が緊張する〝偉い人〟は母親とは違うよ！」と反発するのは当然です。

でも、そうしていると「偉い人に緊張」のほうに意識が向きません。だから自然と無意識の状態になって、「あ！ 偉い人が目の前にいても素のままでいられた！」となるのです。

「自分は物が捨てられない」という暗示が入っている人に、「あなたは物を捨てられるようになる」という暗示をかけるのは意味がありません。「あなたは偉い人の前でも緊張しない」という暗示と同じで、無意識の出番がないからです。

そこで「すべてを捨てる」という暗示にしてみるのです。言われた相手は「?・?・?」となりますよね。それこそ「大切なものを捨てちゃったらどうするのよ！」とか「捨てたものがあとになって必要になったらどうするのよ！」と、突っ込みどころ満載の暗示です。

こうすると意識が混乱するので、一瞬、意識が働かなくなる。意識が働かなくなると、勝手に無意識が働いてくれて、「あれ？ 何も考えなくても、ちゃんと要る物だけ残して要らない物を捨てることができている！」という状態になるのです。

私の催眠は、誰かから入れられてしまった暗示を、別の暗示で打ち消す、というのではなく、〝暗示〟を使って意識を混乱させることで〝無意識〟を働かせ、自分本来の自由な姿に戻すというものです。

その意識が働かない無意識の姿こそが〝美しい〟のです。

5 催眠状態の自分が本当の自分

会話が苦手な人にかかっている暗示

自転車に乗っているときの「あんなに細いタイヤで走っているのに、意識しなくても左右に倒れずにバランスを保てている」というのが無意識の働き。「左右のバランスをちゃんと取らなきゃ」と意識してしまったら、とたんに運転がものすごく難しくなってしまいます。

スピードに合わせて、無意識が左右のバランスをハンドルで自動的に調整して、身体の重心も無意識が勝手に真ん中を保ってくれるので、狭い道でもスイスイとまっすぐ走ることができます。「まっすぐに走らなければ」と意識してしまうと、ふだんやっていることができなくなり、とたんにハンドルがグラグラし始めます。

無意識に任せていたら、いくらでもまっすぐ走ることができるのに、意識したとたんにそれができなくなるのは、とても興味深い現象です。

意識したとたんに「あなたはまっすぐに走ることができない」という暗示が効いてしまうから、それまで無意識でできていたことができなくなってしまうのです。

無意識の働きで、もっとわかりやすいのが「人との会話」です。

人と楽しく会話をしているときは、「うまく話さなきゃ」とか、全く意識していないときです。相手の話題に無意識が勝手に反応して、相槌《あいづち》を打ったり、自然に話をしたりしています。

これを意識的に「相手との会話を楽しまなければ」と構えて話題を選んだりしていると、急に会話が途切れ、場の雰囲気が白けて、「あーあ、自分は人との会話が下手だなあ」となってしまいます。

これはなぜかというと、会話を意識したことで、「人との会話が下手で続かない」という暗示が入ってしまうからなのです。

以前の私は、この「人との会話が続かない」という意識的な暗示がすごく効いていて、話が続かないことにずっと悩んでいました。

相手と会う前に、頭の中で会話のやりとりをシミュレートしていくのですが、本番で、少しでもシミュレーションと違ってしまうと、すぐ「会話」を意識してしまうから、結局「アワワワワ」といつものように惨《みじ》めな状態になっていました。

しかし、催眠を使えるようになってからは、**無意識のおかげで、こちらは黙っているだけで相手が勝手に話を進めてくれるようになりました。**

それに合わせて無意識が話を作り出してくれるので、こちらは何も考えなくても楽しい会話ができるのです。

「自分の意識で会話をコントロールしなくて、無意識任せで大丈夫?」と思われるかもしれません。私も最初はそう思っていたのですが、**無意識が勝手に進めてくれる会話が一番楽しくて、あとになって全く後悔がない。**

逆に、意識的に会話を進めてしまうと、「あんなことを言わなきゃよかった」と、あとですごく嫌な気分になって、帰ってから一人反省会が止まらず、夜眠れなくなったりします。無意識に任せてしまうとそれが全くなくて、「気持ちよーく眠れる」のです。

無意識のすることはすべて美しい！

子どもの頃は親から「あんたはすぐに人に頼る！」とよく怒られていました。その暗示が入っているから、大人になってからも「自分でしっかり判断し、実行し、責任を取らなければいけないんだ」といつも思っていました。

でも、自分でしっかり判断しようと思っても、「こんなダメ人間の私が判断したところでうまくいくわけがない」という〝常識〟が別の暗示としてあらかじめ刷り込まれていたので、私の人生では何一つ、うまくいった試しがありませんでした。

ただし、一つだけ「失敗の責任を取る」のは得意でした。いつも失敗ばかりしていたので、「失敗の責任を取るのには慣れていた」から当然です。

そんな私にとって、「催眠状態で無意識に任せる。自分で考えない」というのはすごく抵抗がありました。自分の意識でなんでもちゃんと考えて意志を持って実行し、そして結果に対して責任を取らなければいけない、と本気で信じていたからです。

また、厳格なキリスト教の家で育ったので、「催眠で相手の心を操作するなんてことはやってはいけない」という思いもありました。

でも、実際に催眠状態で無意識に任せることができるようになると、**「何事もうまくいっている人は、みんな催眠状態でやっているんだ！」ということが見えてきます。**

成功している人、人間関係を楽しんでいる人は、みんな意識的な暗示から自由な催眠状態をうまく使っているから、魅力的な人生を歩んでいるのです。

「それなら催眠を使わなきゃ損だ！」と思った私は、あれだけ人に任せたり、頼ったりすることに抵抗があったのに、あっさりと自分の意識を手放して、無意識に任せて生きるようになりました。

催眠を使って無意識に自分を任せていると、それまでの意識の世界ではありえなかった展開が次から次へと起きていき、「無意識って美しい！」と感動するのです。

そう、無意識がすることは、すべて理にかなって美しい！

6

催眠のお師匠さんとの出会い

苦しんでいる人を楽にしてあげたい

この章の最後になりますが、私が敬愛する「催眠のお師匠さん」との出会いをもう少し詳しく書いておくことにします。

アメリカで心理学を学んだあと、日本に帰ってきてカウンセリングの仕事をやらせていただくようになったのですが、**当時は、「話を聞くだけで、その人の困っていることを解決できる」と信じていました。**そのメソッドを学校でバッチリ習っていたので、ただひたすら相手の話を聞いてあげるだけで、「相手が楽に、自由になる」という手応えのようなものが私の中にしっかりとありました。

確かに学校の演習では、クライアント役のみなさんが、「話を聞いてもらったら心が楽になりました」とおっしゃるので、こちらもその気になっていたのです。でも、いざカウンセリングの現場に出てみると、「あれっ？　演習とは全然違う！」ということばかり起きます。

悩み苦しんでいるクライアントさんの話をひたすら必死になって聞いても、相手の心は「びくともしない！」という感じで、症状もいっこうに変わらず、楽にもならないのです。

学校で教わったことをすべて実践しても「現場は厳しい！」ことを実感します。

私の指導をしてくださっていた精神科医の先生に、「どうしたら苦しんでいるクライアントさんが楽になりますか？」と質問したら、「あなたは患者さんから感謝されたいの？」と言われ、笑われてしまいました。

いや、感謝されたいとかじゃなくて、**なんとか悩み苦しんでいる人を楽にしてあげたい、その方法を見つけたい、それだけだったのですが、その答えをなかなか見つけられず、私は悶々《もんもん》としていました。**

そう、学生時代に勉強ができなくて試行錯誤していたときと同じような状態に陥っていたのです。

お師匠さんの講習会でびっくり！

そこで私は再び、「催眠を勉強したらいいんだ！」と思って、プライドも恥もすべて捨てて、本屋さんの心理学コーナーに立って催眠関係の本を探しました。

そして、『現代催眠入門』という本を見つけ、即、購入し、大切に読みました。

その中に「現代催眠療法講座」という案内チラシが入っていました。当時の私は「人の中が苦手」というのがあって、「習い事」などは人がたくさんいるから嫌いでした。だから、すごく興味があっても申し込まなかった講座がたくさんありました。本当に「人の中」が嫌で苦痛で仕方がなかったのです。

でも、不思議なことに、この催眠療法の講座には躊躇《ちゅうちょ》なく電話をかけていました。

それは自分でもびっくりで、「ひょっとして、あの本にはそんな〝仕掛け〟があったのかな？」と思ったくらいでした。

私は、「受講者には、心理療法のすごい専門家の方がたくさんいらっしゃっていて、みんなで切磋琢磨《せっさたくま》しながら催眠療法を学べるんだろうな」と思いこんでいたのですが、講座の会場に行ってみてびっくり。参加者を見渡すと、それらしき人は皆無で「素人さんばっかり！」です。

教えてくださる講師の先生もサラリーマンのおじさんみたいな感じの人でした。これが「催眠のお師匠さん」との最初の出会いでした。私は、失礼ながら、参加者と催眠のお師匠さんを見た瞬間に、「あ！　また失敗した！」と思いました。

内心、期待が大きかっただけに、がっかり感はハンパありませんでした。期待が大きいとき、決まって私は失敗してしまうのです。

みんなが自己紹介をしているのを聞いていて、「あーあ、本当に一人も専門家がいないじゃないか」と目の前が真っ暗。でも、職業的な笑顔は絶やしません。

私の自己紹介の順番が回ってきたときに、いきなりお師匠さんが「大嶋さんは、こう見えても5人の子持ちで苦労人なんです」とおっしゃった。

一瞬、「え？」と思ったけど、私は、なぜかお師匠さんに合わせて「そうなんです。

経済的に大変なんですけど、今回はぜひ催眠療法を学び、カウンセリングの仕事に活かしたいと思っています」と自己紹介していました。

〝灰色の意識の壁〟を打ち破れ！

もちろん、私は「5人の子持ちで苦労人」ではありません。では、なぜこんな「ウソの自己紹介」をしたのでしょうか。

あとでわかったことですが、催眠のお師匠さんの不意打ちのひと言に、私の意識的な判断が打ち破られ、私は一瞬で無意識の催眠状態に引き込まれたのです。

でも、そのときは、無意識の力なんて想像すらできません。

講座は12回以上ありましたが、途中で「私はこの講座に向いてないからやめたい」とお師匠さんに相談したこともありました。それだけ、私の意識的な暗示が強かったのでしょう。

「心理の専門職じゃない人と一緒にやっても私には何も得ることがない」とか、「科学的な根拠がないことを勉強したって仕方がない」といった**〝灰色の意識の壁〟**が目の前に聳《そび》え立っていたのです。

何回めかの講座で、お師匠さんが私に催眠をかけてくださった。

「見えるでしょ！」というお師匠さんの声が聞こえます。「ほら、大嶋さんには見えるでしょ」と。

「いや、先生！　私には何も見えません！」と言うと、「いいや、見えているでしょ」と優しい低い声で私に語りかけてくださる。

私には何も見えないし何も聞こえてこない。

私には心の目で見ることなんてできないし、心の声なんて聞こえやしない、と信じていたし、疑ってこなかった。

でも、私には一筋の光が目の前に見えていたのです。

そう、ただ私は「催眠にかからない」と意固地になって目を閉じていただけ。

「先生！　私にも見えます。いくつもの光が！」

私は美しい無意識の世界へと誘われていきました。

第2章

催眠の主役 “無意識さん” の正体

1 天才・エリクソン博士の催眠

子ども時代の天才エピソード

催眠について語るときに避けて通れないのが、**アメリカの精神科医・心理学者のミルトン・エリクソン博士（1901〜80）**です。

私も多大な影響を受けた一人です。学生時代にエリクソン博士の本を読んで、「催眠ってすごい！」と感動したのも、今となっては懐かしい思い出です。

エリクソン博士の〝天才〟を物語る、彼の子どもの頃の興味深いエピソードが伝わっています。

あるとき、エリクソン少年は、牛を引っ張ってトラックの荷台に乗せようと悪戦苦闘している大人たちを見て、「自分だったらかんたんに入れられるよ!」と言いました。

大人たちは「力の強い大人が何人も集まって引っ張ったって入れられないのに、どうしてひ弱なお前にできるんだ!」とバカにします。

そこでエリクソンは、牛の後ろに回って尾をトラックとは反対方向に引っ張ります。すると牛は、「後ろに引っ張られまい」と前の方向に進もうとします。そんなときにエリクソンが牛の尾をパッと放すと、牛は「ドドドドッ」とトラックの荷台に駆け込んでいきました。

エリクソンは、「前に進みたくない!」と踏ん張っている牛に対して、「後ろに進みなさい!」と反対の方向に引っ張る力を与えることで前に進ませてみせたのです。

これはのちに「逆説」と呼ばれる治療法となります。エリクソン博士が、子どもの頃からこの手法を使っていたとは驚きです。

たとえば、パニックの発作で卒倒して倒れてしまうことが恐怖になっている人に対して、エリクソン博士は「レストランで食事をしましょう」と声をかけ、レストランまで一緒に歩いていきます。

途中で「あ！　発作を起こしそう！」と相手の人が倒れそうになるとエリクソン博士は、**「ここだったら倒れてもいいですよ！　草が生《は》えていてクッションになるから」**と言います。

すると、倒れそうになっていた人は、「あれ？　倒れられない！」となるのです。

「倒れてもいいですよ！」という言葉は、「ここで倒れちゃいけない」と思っている本人の意思とは逆方向のメッセージになります。それに反応して、その人の中の無意識が起動し、「倒れない力」を感じ取ることができるから「倒れない」のです。

〝許し〟と〝優しさ〟に満ちた療法

少し心理学をかじった人なら、「これって、親が子どもによく使う『**リバースサイコロジー（逆心理学）**』のことじゃないの？」と思うかもしれません。

たとえば、親がいくら「勉強しなさい！」と言っても聞く耳を持たない子どもに対して、わざと「もう勉強なんか一切しなくていいから！　教科書だって捨てちゃいなさい！」と逆のことを言います。

するとこどもはしぶしぶながら、机に向かったりします。

確かに、エリクソン博士の「逆説」と「リバースサイコロジー」とは、いっけん似ているように見えます。でも、実際は明らかに違っています。

親は「もう勉強なんか一切しなくていいから！」と言いながら、もし本当に子どもが勉強しなかったら、「なんで勉強しないんだ！」とキレてしまい、「子どもは勉強をするべきだ！」と子どもの行動をさらにコントロールしようとします。

実は「勉強なんかしなくていいから！」という言葉の裏には、「勉強しなかったら社会から孤立して親からも見捨てられるゾ！」という〝罰〟が含まれているのです。

一方、エリクソン博士の「ここだったら倒れてもいいですよ！」という言葉の背後には、「あなたが倒れても、私はあなたを見下したり、見捨てたりしない」という〝許し〟があります。

もし「倒れてもいいですよ」と声をかけて、相手が本当にパニックの発作で倒れてしまったとしても、エリクソン博士だったら、**「空を見上げてごらんなさい。夕暮れに光る一番星が見つかりますよ」**などと声をかけるでしょう。

「せっかく治療してあげているのになんで倒れるの！」といった〝責め〟や、「倒れるんだったらもう治療なんかしてやらない！」というような〝罰〟がエリクソン博士の「逆説」には感じられません。

エリクソン博士は逆説を使ったときに相手がどのように反応するかを予測して、その効果を検証していきます。そして、相手のユニークな反応を漏らさず受け取り、そのユニークな反応を無意識の力として利用します。

相手のどんな反応でもエリクソン博士は許し、検証し、そして利用する。そのことによって相手を催眠状態に入れていくのです。

たとえば、精神科の患者さんが「私はイエス・キリストだ！」と言ったときに、エリクソン博士なら、「そんなことを言ってたら誰からも受け入れられないですよ」などと相手を諭《さと》そうとはしません。

「イエスは大工の息子として生まれた」といった話をして、患者さんに大工仕事に対する興味を持たせようとしたりするでしょう。そこからの無意識の展開に治療の糸口を探すのです。

エリクソン博士の治療法には、相手のどんな症状でも許して受け入れることで、その人に働いている無意識の力を検証する、という〝優しさ〟のようなものが根底にあると、私は思っています。

無意識はあなたを許し、受け入れる

エリクソン博士の催眠療法に衝撃を受けた私は、さっそくカウンセリングの中でその手法を取り入れてみようと思ったのですが、私にはどうしてもエリクソン博士のように「どんな症状でも許して、利用する」ということができませんでした。

「その症状は間違っている!」とか「その行動はおかしい」という考えが先に立ち、〝許し〟ではなく〝裁き〟が私の中に働いてしまうのです。だから、「私にはエリクソン博士の催眠は無理なのかな？」と当時は思っていました。

ところがその後、催眠のお師匠さんの講習会に出るようになって「催眠で無意識と出会う」という体験をしたときに、「エリクソン博士の催眠の仕組みはこんなふうになっていたんだ！」と興味深い発見をします。

催眠で無意識の状態だと、相手を裁くことがなくなるのです。

エリクソン博士がどんな症状でも催眠誘導に利用することができた感覚が、無意識と出会うことで初めてわかりました。

あれこれ考えて一生懸命に「エリクソン博士の真似をしよう」としていたのが私の〝意識〟であって、意識には限界があったのです。

エリクソン博士のようにクライアントさんのどんな症状も許し、客観的に観察して、相手への言葉がけに対する反応を検証することで、自然と無意識が働くようになります。

このことがわかってから、私は、エリクソン博士の催眠誘導を試すのが楽しくなってきました。

意識には限界があるけど、無意識にはない。
そして、無意識は相手だけでなく、どんな私でも許し、受け入れ、助けてくれる。
エリクソン博士もそんな「無意識の力」を使っていたに違いないのです。

2

〝無意識さん〟には限界がない

「オープン・ダイアローグ」とは？

フィンランドにあるケロプダス病院では、「オープン・ダイアローグ」という手法を統合失調症の治療的介入に使っています。

方法はいたってシンプルで、治療者のチームが患者さんの自宅を毎日訪問し、対話をするだけです。

これにはエリクソン博士の「逆説」に通じる部分があります。

治療者チームが「なんでこの子はこんな症状になっているんだろうね？」という感じで、治療者同士が話し合いをしているのを本人や家族が聞いている。

しばらく話を続けていると、本人が「いや、そうじゃなくて僕はこんな理由でこんなことになっている！」と説明を始めるのです。

それを聞いた治療者同士が、再び、「あの子はあんなことを言っているけど実際はどうなのかな？」と勝手に話し合う。

するとまた本人が、「いや、そうじゃない！」と、さらに掘り下げて自分の内面を打ち明けるようになります。

こうして、次第にお互いの理解が深まり、症状のもとになっている「自分は誰からも理解されない」という孤独が解消され、症状が改善されていきます。

このオープン・ダイアローグがエリクソン博士の「逆説」の手法と似ているのは、「治療者が勝手に自分（患者さん）の話をしている」というところです。

患者さんは「誰も自分の気持ちをわかってくれない！」と思って心を閉ざしています。そこに自分のことを全くわかっていない連中が現れて、勝手にあれこれ自分のことについて話を始める。

すると、それまで「話なんかするものか！」と思っていたのに、「あんたたちは私のことがわかっていない！」と説明したくなる。これが**「逆説」で引き出された無意**

識の力になります。

治療者が勝手に話をすることで「逆説」を使って患者さんの無意識の力を引き出し、症状から解放し、自由にしていく。**オープン・ダイアローグで孤独から解放されることで、どんどん無意識の力が使えるようになり、その人本来の姿に戻っていくのです。**

〝孤独の発作〟が悩みの原因？

子どもの頃の私は「誰からもわかってもらえない」という「孤独」によって内面的な「発作」を起こし、そのために「自分で自分をコントロールできない」催眠状態になっていました。頭が真っ白になり、「自分が思っていることを話せない」「身体が硬直して思うように動かせない」という状態です。

そんな孤独の発作（脳内で通常流れている微弱な電流よりも強烈な電流が一気に流れた状態）による催眠状態から私たちを解放してくれるのが、無意識を使ったエリクソン博士の催眠療法です。

意識には限界があるけれど、無意識には限界がありません。だから、無意識は、どんな症状があっても、どんな「私」であっても、「あなたはダメ！」と裁かず、許し、認めてくれます。

そんな無意識の力によって孤独の発作が打ち消され、悩みや症状が改善されると、誰でも無意識の力が使えるようになります。いろんな束縛から自由になり、これまで自分が考えもつかなかったようなことができるようになるのです。

意識には限界があるけれど、どうして無意識には限界がないのでしょうか？

理由はかんたんです。

自分で意識できる範囲には限界があるでしょう？　それ以外がすべて無意識だから、「無意識には限界がない！」のです。

だから、意識で孤独を感じているなら、無意識では、意識が感じているもの以外を感じているということになるので、孤独は打ち消され、いじけたり、絶望したり、破壊的な衝動が起きることから解放されるのです。

オープン・ダイアローグでは複数の治療者が関わりますが、エリクソン博士の催眠は無意識を使うので、何千、何万、いや何億という治療者を使っているのと同じです。

彼らみんなが、許し、認めてくれるので、「自分は誰からも理解されない」という深い孤独が癒され、自由になることができるのです。

3 〝孤独の発作〟があなたを迷わせる

映画『サイコ』の催眠シーン

催眠のお師匠さんの講座を受けたときに、**「わかりやすい催眠状態の一例」として、アルフレッド・ヒッチコック監督の映画『サイコ』**のあるシーンを見せていただきました。

男女がホテルで密会している場面から始まります。
男性は「お金がないから結婚できない」と、女性との結婚を渋っている。女性は、「だったら、お金があったら結婚できるの?」と尋ねると、男性は「お金があっても君とは結婚できないんだ」と言って部屋から出て行く。

女性が職場に戻ると、社長から大金の入ったスーツケースを渡され、銀行の貸し金庫に預けておくように言われる。しかし、女性はこれを車で持ち逃げしようとし、途中、路肩に車を寄せて仮眠をとっていたところを、窓を叩く白バイの警官に起こされる――。

この場面を見せられて、「おー！　これが催眠か！」とちょっとワクワクした覚えがあります。

女性は、男性との会話で孤独を刺激されて発作を起こし、その結果、「破壊的な人格」へと変身して社長のスーツケースを盗んでしまったと考えられます。

つまり、このときの女性は、一種の催眠状態にあったのです。

私たちが使う催眠は、孤独の発作を次から次へと打ち消していき、その結果、脳が静かになって無意識の力が働くようにします。

たとえば、映画『サイコ』の登場人物のように、好きな男性の言動で催眠状態になっている女性が、無意識の力で孤独の発作から解放されると、「あれ？　なんでこの男性とじゃなきゃダメなんて思ったんだろう？」となります。

孤独の発作で催眠状態にあったときは「この男性じゃなきゃダメ」と周りが見えなかったものが、発作が解かれると、「私には無限の可能性があるじゃない！」と「楽しい選択」ができるようになり、本来の美しい自分を取り戻していきます。

「本来の自分」ではない状態とは、孤独の発作によって、怒りや憎しみ、執着、疑惑、そして不安にまみれて身も心もドロドロの状態です。この発作が解かれると、それらすべてから解放されるので、「本来の自分の美しい姿」に戻っていくわけです。

無意識の世界は楽しいことばかり

誰かと喧嘩をしたときに、「〃無意識に〃相手をひどく傷つけることを言ってしまった」ということがあります。実は、このときは無意識の状態にあったのではなく、孤独の発作で催眠状態になっていたのです。

「自分のことをわかってもらえない」という孤独が原因で発作を起こし、破壊的な人格に変身してしまったから、喧嘩になったのです。

同様に、「〝無意識に〟会社での嫌なことばかり考えていた」とか「気がついたら〝無意識に〟嫌な人のことばかり考えていた」というときも、無意識だったのではなく、孤独の発作状態にあったのです。

そもそも、無意識の力を使った催眠状態では、孤独の発作が打ち消されているから、「嫌なこと」や「嫌な人」に注意が向かない。だから、逆に「楽しいこと」や「楽しい人」ばかり浮かんできます。

無意識の世界では無限の選択肢があるので、わざわざ不快なことや人を選択する必要がありません。この無限の可能性が広がる無意識の世界に誘《いざな》ってくれるのが、私が使っている現代催眠療法です。

こんなことを書いていると、無意識の力を使った催眠は、「すごく難しそう！」とか「自分にはできない！」と思ってしまう人もいるかもしれません。

実は、この「難しそう！」とか「できない！」というのも、孤独の発作の仕業です。私たちの意識の裏側には常に無意識が働いていていて、私たちを助けてくれています。

だから心配は無用です。

「無意識の力を使った催眠療法をする」と思うだけで、無意識があなたを無限の可能性の世界に連れて行ってくれるのです。

4 ミラーニューロンの不思議

相手の脳の真似をするミラーニューロン

無意識を使った催眠療法を、誰にでもかんたんにできるものにしてくれているのは、「ミラーニューロン」という脳の神経細胞の存在です。

ミラーミューロンは一般に「共感脳」と呼ばれていて、たとえば「緊張している人が隣にいると、こちらも緊張してくる」というのは、このミラーミューロンの働きによります。

ミラーニューロンには「相手に注意を向けると、自分の脳が相手の脳の状態の真似をする」という性質があるのです。

少しややこしい説明になりますが、ミラーニューロンを通して相手の脳の真似をするときは、相手もミラーニューロンを通してこちらの脳の状態の真似をすることになります。

この特性を使っているのが、催眠のお師匠さんから教わった、相手の呼吸の真似をして相手を催眠状態に入れる「呼吸合わせ（チューニング）」というテクニックです。

本書でぜひみなさんにマスターしていただきたいこの呼吸合わせの手法は、騒音を解消する「ノイズキャンセリングシステム」と似たメカニズムによっています。

ノイズキャンセリングシステムは、高速道路の騒音が激しい場所などで使われていて、車の騒音とは逆位相の波形の音をスピーカーから流すことで、車の騒音を打ち消すという優れものの技術です。

この技術はヘッドフォンにも使われていて、スイッチを入れると外の雑音が聞こえなくなり、街の雑踏でも飛行機の中でも静けさを感じることができてしまいます。

呼吸合わせを使った催眠も同じような仕組みです。

相手の脳の緊張が脳の雑音だとすると、ノイズキャンセリングによって雑音が打ち消されたのと同じように、**こちらが相手の脳の緊張を真似して、さらに相手がこちら**

の脳の状態を真似ることで、相手の脳の緊張が打ち消されて無意識の状態になり、「緊張がなくなった！」となります。

ここで覚えておいて欲しいのは、「無意識とは、不安や緊張、そして怒りなどの〝雑音《ノイズ》〟がない状態なんだ」ということです。

催眠で相手の知識も自由自在

電車の中で、呼吸合わせを使って前の席に座っている人の呼吸の真似をしていると、こちらが息苦しくなったりすることがあります。

さらに呼吸合わせを続けていると、相手がコクリと眠ったと思われる瞬間に喉の苦しさが消えるので、「相手の緊張感がミラーニューロンを通して伝わってきて、それで自分の喉が苦しくなったんだ！」ということが実感できます。

また、呼吸合わせをしているときに、職場であったムカつく出来事がたくさん思い出されることもあります。

そのうちに相手が眠ってしまうと、「お！　さっきのムカつきが消えた！」となります。ミラーニューロンでこちらに伝わってきていた相手の怒りが消えたのです。

実は、**怒り、憎しみ、恨み、そして、不安、緊張などに囚われている状態は、脳の中で発作が起きている状態です。**

それが、呼吸合わせによって打ち消されて無意識の状態になり、発作が解消し、怒りや憎しみも消えていきます。

もっと興味深い現象として、呼吸合わせを使って相手が催眠状態に入った瞬間に、相手の家の風景が見えたりすることがあります。

あとで、相手の方に自分の家の写真を撮ってきてもらうと、呼吸合わせ中に見えた家の様子とあまりにも同じなのでびっくりします。

このことから、**ミラーニューロンは「相手の知識」を真似ることもできることがわかります。**

呼吸合わせをしてノイズキャンセリング状態になり、不安や怒りなどの雑音が打ち消された無意識の催眠状態に入ると、相手の脳の中にある知識も真似て使うことができるのです。

それだけではなくて、催眠をかけられた相手のほうも**「これまで見えなかったことが見えるようになり、わからなかったことがわかるようになる」**という不思議なことが起きます。

その人が勉強したこともないし、これまで知り得なかった知識まで、無意識の状態で浮かんできたりすることがあるのです。

インターネットとミラーニューロン

ミラーニューロンで相手の脳を真似るときは、相手と自分との距離は関係ありません。**「その人がどこにいようと、ありとあらゆる人の脳の〝真似〟をして、その人たちの知識や知恵を使うことができる」**と考えられるのです。

昔だったら、「え？　何をアホなことを言っているの？」と誰も理解できなかったでしょうが、今ならインターネットを想像していただくとイメージしやすいのではないでしょうか。

お互いが電線やコードで直接つながっていなくても、今や世界中のパソコンやスマホが、インターネットでつながっています。

日本にいながら、アメリカの最先端の心理学の研究論文にアクセスしてその知識を得ることだってかんたんにできてしまう。そんな時代になっています。

ミラーニューロンの働きもインターネットと同じです。催眠で脳の「雑音」がなくなり、無意識の状態になれば、ミラーニューロンで膨大な脳のネットワークにつながって、世界中の「ありとあらゆる知識」を使うことができ、便利で楽しい生活を送ることができるのです。

ちなみにミラーニューロンで相手の脳の真似をするときの〝速度〟はまだ解明されていないのですが、私は、「現代の科学で最も速いとされる光の速度よりも速いのでは？」と考えています。

無意識は、時間や空間の制約を超えて、ありとあらゆる人の脳につながり、その人

たちの知恵と知識を使うことができる——。

そう思うと、催眠を使うのがますます楽しくなってくるのです。

5

催眠の効果―1

ボーッと何も考えない人になれる

ボーッとしていることの幸せ

では、この章の最後に、催眠によってどんないいことが起きるのか、たくさんありすぎて困ってしまうのですが、いくつか選んでご紹介することにしましょう。

私は、これまで、いろんな職場で、たくさんの優秀な方と一緒に働く機会がありましたが、どの人に対しても「気を抜いたらダメだ」といつも緊張していました。ちょっとでも気を許してしまったら、「相手からいいように利用されて潰されてしまう」という緊張感があって、自分の中で相手の方とつねに闘っていたのです。

だから、相手を信じることができなくて、常に相手の前で演技をしているような、どこにいても落ち着かない感じがありました。

いつもありとあらゆる不幸を頭の中で想定して緊張し、それに備えていたのです。

そんな私なので、職場の仲間からはたいてい敬遠され、自分でも「しょうがないか」と納得していました。嫌がられて当たり前、という感覚があったのです。

でも催眠のお師匠さんに対する印象は違っていました。初めてお会いしたとき、「あれ？　この人とは〝闘う〟という気持ちにならない」と、これまで経験したことがない不思議な感覚に陥りました。

相手が優秀であればあるほど「早くこの人からすべてを吸収してこの人を超えなければ」と闘争心を燃やしていたのに、催眠のお師匠さんを前にしてもそんな気持ちにならず、「一緒にいて楽しい」と初めて感じることができました。

そして、通勤電車の中で、毎日のようにお師匠さんから教わった「呼吸合わせ」の催眠を練習していたら、**「自分の感じていた緊張感や不快感は、相手の脳の発作であって自分のものじゃない」ことがわかるようになってきました。**

そんなとき、お師匠さんから「一緒に旅行に行きましょう」と誘われ、二人で夏の奈良、京都の旅に行くことになりました。

奈良のあるお寺で、暑かったので二人で本堂の広縁に座って涼んでいたときに、「自分が何も考えていない！」ことにびっくりします。

ふだんの私は、たえず周りの人に気を使ったり注目したりすることで、不安や怒りや焦りにとらわれ、落ち着かなくなっていました。そんな意識がすっかり消えてなくなっていました。

お師匠さんと私は2時間くらい何も喋らずに、ただボーッと座っていました。そしたら、お師匠さんが、**「大嶋さんもボーッとすることができるのですね」**とおっしゃって、私は涙が出るくらい嬉しかった。

「お師匠さんの教えてくださった催眠のおかげで、私もボーッとできるようになったのです」と心の中でお師匠さんに感謝していました。

まさか、自分が人に気を使わないで、ボーッと何も考えない時間を楽しめる日が来るなんて！

未来の不安、過去の後悔などがずっと頭の中に巡っていたのが、催眠で繰り返し無

意識の状態になることで、それらが打ち消され、心の中がいつのまにか凪《なぎ》状態になっていました。

しみじみ「催眠をやっていてよかった〜」と思えたのです。

相手を救い、自分も救われる

相手の発作を打ち消すと、自分自身の発作も自動的に打ち消されます。相手と自分の発作が打ち消され、脳が鎮《しず》まって無意識につながります。

この状態において、私たちは、無意識の中にある無限の知識を使うことになるので、自分の頭で考える必要がなくなります。すべてを無意識に委ね、楽しむことができるようになるのです。

「これが催眠のお師匠さんの見ている世界なのかも！」

私は、これまで想像もできなかった新しい世界を垣間見《かいまみ》た思いがしました。

そして、もっと催眠を使って、もっともっと自分自身が解放されたい、と思うようになりました。

のちに、ある方とお会いしたときに、「この方もすごく魅力的で自由に生きていらっしゃる！」と、まるでお師匠さんと同じような印象を持ったことがありました。

握手を求められた瞬間から、相手との優劣が全く感じられず、不思議な一体感があります。

「もしかしたら無意識の催眠をやっていらっしゃる方？」と思ったら、「やっぱり！」ということがあとでわかりました。

ご自身が、過去に心の傷で苦しんでいたのに、**無意識の催眠をたくさんの人に使っていたら、次第に自分の心の傷が打ち消されて無意識につながれるようになった、**というお話をしてくださいました。

以前の私なら「本当かな？」と疑うのに、そんな感覚が全然ありません。「私も同じです」と納得できて、すごく落ち着いた気持ちになりました。

催眠を人に使っていると、使っている本人がいつのまにか自身の心の傷や苦しみから解放され、どんどん自由になっていくのです。

6

催眠の効果―2

楽チンな人間関係が作れる

3日間の研修で新入社員が変身！

催眠のお師匠さんの講習会で、お師匠さんに初めてお会いしたとき、「〝ただのおっさん〟という印象を持った」と、私はいろんな本に書いていますが、これは正直な感想でした。

当時は、本当に普通のサラリーマンのおじさんにしか見えなくて、「この人に催眠療法を習って大丈夫なのだろうか？」と不安になったくらいでした。

その後は、何度も何度も「お師匠さんってすごい！」と思い知らされることになります。

今でも、**「こんなすごい先生はもっと世に出るべき！」**と私は思っていて、そんなことを直接お師匠さんに話したこともあるのですが、「そうですね」と笑って受け流されてしまいました。

私にとって特に印象的だったのは、ある会社の新人研修をお師匠さんにお願いしたときのことです。

その会社の人たち全員が「あの先生はすごい！」と、一発でファンになってしまったのです。たった3日間だけの研修だったのに、みんなの心をお師匠さんは催眠で奪ってしまいました。

さらにびっくりしたのが、10年後に、そのときの新人たちが、全員「会社にとって欠かせない存在」に成長したことでした。

お師匠さんは、催眠療法を使って彼らの魅力を最大限に引き出し、その会社にとって最も重要な人材へと変えてしまったのです。

「催眠のお師匠さんが新人たち全員を変えてしまったなんて、ちょっと大袈裟《おおげさ》じゃない？」と思われるかもしれませんが、私は、彼らの催眠の「使用前、使用後」を見ているので、彼らが確実に変わったと心から言えます。

その証拠に、今の彼らの会社での働き方を聞かされると、「お師匠さんの催眠の匂い」がするのです。

お師匠さんは、たった3日間の接触で、催眠の力を使って、人と会社の未来を変えてしまったのです。

「素の自分」「ただの人」になる

以前の私は、「何をやってもダメ」「嫌われる」「疑われる」「反発される」という特技の持ち主でした。

人から信頼されたくて一生懸命なのに、誰からも信頼されずにバカにされてしまうし、みんなに好かれたくてすごく気を使っているのに、気持ち悪がられ嫌われてばかり。

それに、必死で考えて提案したプランも、それがどんなに素晴らしい意見であっても、私が提案したというだけで、価値のないもののような扱いを受けてしまう……。

「なんで自分ばっかり？」とずっと思い悩んでいました。

そのうちに慣れてきて「男は嫌われてナンボじゃい！」と開き直っていましたが、心の中ではものすごく傷ついていたのです。


こんなダメダメ人間の私でしたが、お師匠さんのすごい催眠を知ってからも、「お師匠さんの催眠は使わないゾ」と封印していました。

お師匠さんの催眠を使えば、かんたんに楽チンな人間関係が作れるような気がしていたからです。

これまでの苦労が、お師匠さんの催眠を使うことで報われるのではなくて、すべて無駄になってしまう気がしたので、自分のやり方で戦い続けると決めていたのです。

そんなあるとき、人間関係で「もう嫌だ！」と心の底から叫びたくなるような出来事が起きて、ようやく私は、お師匠さんの催眠療法を使ってみることにしました。

すると、催眠で無意識の状態になったときに、いきなり**「あれ？　人間関係なんかどうでもいいかも！」**と思えてきて、びっくりしました。

こうして、私が「なんとか改善しなければ」と思っていたこれまでの人間関係を軽く手放すことができたのです。

人間関係を手放したからといって、「相手のことを尊敬しなくなった」わけではなく、催眠状態で無意識が働いて、「これまでとは違った尊敬の仕方ができる」ということに気づきました。

それまでの人間関係が「真面目」だとしたら、催眠で無意識の状態にある人間関係は「いい加減」なのですが、そこに信頼関係が宿る、という感じです。

いくら真面目に相手を尊敬しても得られなかった信頼関係が、無意識の状態でかんたんに得ることができてしまう。そこから信頼関係がどんどん広がって、私が夢に描いていたような素晴らしい情景を見ることができたのです。

催眠で無意識の力を使うと、自分で努力しなくてもすべて無意識が勝手に人間関係を整えてくれます。無意識に任せておけば大丈夫なので、自分自身は何もせずボーッとしていればいい。だから、いつも「素《す》の状態」でいることができます。

お師匠さんの「ただのおっさん」という印象は、この状態のことだったことに気づかされます。

私はいつしか、自分から催眠を引き離すことができなくなっていました。

7

催眠の効果―3

「自己効力感」でみんなハッピー！

「自分はダメ人間」と思っている人へ

「自分は何もできないし、変えられない」というのが〝無力感〟。その対極にあるのが「自分はなんでもできるし、変えられる」という〝万能感〟です。

私自身、何もできない「無力感の人」だと思っていたのですが、あるとき、それが違っていることに気がつきました。

「何もできない」という無力感の背後には、「なんでもできるはず」という万能感が隠れていることがわかったからです。

「自分はなんてダメ人間なんだ」と思うのは、まず「理想の自分」があって、その理想の自分になれないから「ダメ」ということになっている。

だから、自分のことを「ダメ人間」と言う人は、いっけん謙虚なように見えて、「自分は本当はなんでもできるんだ」という傲慢《ごうまん》な人といえるのです。

私の「人間関係がうまくいかない」という悩みには、「相手を自分の思い通りにコントロールしたい」という傲慢さが隠れていました。

いくら私が「謙虚な人」を演じても、その裏の「おまえをコントロールしてやる！」という傲慢さが相手の鼻について、「こいつは信用できない！」と拒否され、当然、好かれることもなかったわけです。

もちろん、自分自身では「相手を自分の思い通りにコントロールしたい」と思っているなんて気がつきません。

本気で「自分は人間関係がダメだ」と悩んでいるのですが、悩めば悩むほど、私の中で「なんで思い通りにならないんだ」という傲慢さが膨《ふく》れ上がって、周りの人の嫌悪感を刺激していたのです。

周りの人がどんどん幸せになっていく！

お師匠さんから教わった催眠療法では、「私の無意識が勝手に人間関係を整えてくれる」という、無力感とも万能感とも違った「自己効力感」というものが高まります。「無意識が自分も周りの人たちも自然に幸せの方向へと導いてくれる」という感覚です。

万能感だと「私が催眠で相手を変えてやる！」となりますが、自己効力感では、「自分が催眠を使ってその影響を相手に及ぼしている」という感覚になります。

「自己効力感を感じるには、催眠の練習と勉強をものすごくやらないといけない」「お師匠さんのようにすごい人にならないと、〝相手の無意識を起動して、相手を幸せの方向に導く〟なんてできるわけがない」とずっと思っていました。

でも、いざ試してみたら、いつでもどこでも、かんたんにできてしまうのです。

私が、初めて入った美容室の店長さんと喋っているときに、「呼吸合わせ」の催眠を使ったときのこと。

催眠状態に入ると、私は店長さんに対して無意識の「尊敬」を感じ、相手からの「尊敬」も感じ取ることができます。

こちらの職業の話題など一切なく、ただ世間話をしているだけなのに、お互いの間に「尊敬」が感じられるのが催眠療法の無意識の状態です。

私は、「こんなに素敵な店長のいる素敵なお店なんだから、もっと流行ればいいのに！」と、お店に行くたびに思います。

すると、面白いことに、日を追うごとにお店がどんどん繁盛するようになるのです。

私は催眠の力を感じ、嬉しくなります。

これが「自己効力感」です。

自分の無意識が、相手の無意識を起動させて、相手が無意識の力でどんどん幸せになっていく。

こういう体験をすればするほど、無意識との信頼感が深まり、どんなときでも周りの人たちの無意識を起動させることができるようになります。

そして、みんながどんどん幸せになって、私の中で自己効力感がさらに高まっていきます。

こんなことを書くと、眉ツバに思われるかもしれませんが、実は、この「相手の無意識が起動して相手がどんどん幸せになっていく」という感覚は、私と私の無意識の間だけの大切な〝秘密〟のようなもの。誰かに理解してもらう必要がないものです。

周りの人がどんどん幸せになるのを見て、「無意識の力ってすごいね！」と私の無意識への尊敬がさらに高まっていく。それが、自己効力感が高まる、ということだと私は思っています。

こうして原稿を書いている今もそうです。

私は、催眠状態で無意識の力を借りて原稿を書きながら、**これを読んだ人たちの無意識が起動して、「読者を幸せの方向に導いてくれる！」ということを信じることができます。**

そして実際に読者の方々が、「あの人も、この人も！」幸せになっていくのを目にして、私の自己効力感がさらに高まっていきます。

そう。無意識は、もともと能天気でポジティブなんです。

8

催眠の効果—4

嫌な記憶が消えていく

嫌な記憶が不快でなくなった！

以前の私は、電車に乗っていると、突然、子どもの頃に受けたいじめの記憶がよみがえってきて、惨《みじ》めさと怒りと憎しみが頭の中をグルグルと渦巻くようなことがありました。

いじめた側は忘れても、いじめを受けたほうは、いつまでも惨めで不快な記憶が消えずに襲ってきます。

そんなときは、イモづる式に、職場で後輩から失礼なことを言われたときのことや、上司からバカにされたときの不快感などが次々と出てきて、「職場に行くのが気が重い」となって、胃が痛くなってきます。

車を運転していても、同じように突然、親から殴られて怒られた記憶が湧いてきて、「せっかくドライブを楽しんでいたのに」ぶち壊しになります。

同乗者と談笑していても、不快な記憶が頭の中を渦巻いてちっとも楽しくない。いつのまにか沈黙して、最悪な雰囲気になってしまう。

毎日こんなことの繰り返しでした。「嫌なことが思い出されない日はない」というくらい、子どもの頃の最悪な記憶、そして最近のムカつく記憶が常に頭の中にランダムによみがえってきて私を不快にさせていたのです。


それが「催眠」を使うようになったら、**「いつのまにか不快なことをあまり思い出さないし、思い出してもそんなに不快じゃない」**ことに気づきます。

「不快な記憶の苦しみは一生続くもの」と諦めていたのですが、それから解放され、きちんと過去と向き合えるようになっていたのです。

記憶の引き出しに整理されて……

「催眠をやるようになったら、なぜ不快な記憶が消えていったんだろう？」と不思議に思っていましたが、電車の中で催眠療法の「呼吸合わせ」の練習をしていたときに、あることに思い当たりました。

呼吸合わせをしていると、ミラーニューロンの働きが活発になって相手の脳の真似をするので、喉が苦しくなったり、おなかが痛くなったりと、相手の不快感がこちらに伝わってきます。

そんなときに、私の、過去のいじめられたときの記憶がよみがえってくるのです。「まだ、自分は過去の記憶が整理されていないのか？」と思いながら呼吸合わせを続けます。

そうしていると、呼吸合わせの相手が、催眠状態で寝てしまうその瞬間、私の身体の不快感も嫌な記憶もすっと消えていき、「ふぅ〜」と肩の力が抜けます。

相手は、電車の中でたまたま向かいの席に座った、見ず知らずの人なので、相手がどんな苦しみを持っている人なのかはもちろんわかりません。

でも、脳はミラーニューロンで相手の真似をしますから、「相手の苦しみが伝わってくる」という感覚になります。

そのときの「相手の不快な記憶」が呼び水となり、誰にもわかってもらえずに私の記憶の引き出しに整理されないままの不快な記憶がよみがえってくるのです。

こうして、**自分の「不快な記憶」と相手の「不快な記憶」が無意識の中で出会い、そこに〝共感〟が生じて、不快な記憶が自然と消えていきます。**

相手の脳の中にある不快な記憶が「私の気持ちがわかってもらえた！」と満足し、同時に催眠を使っている私のほうも、「自分一人じゃない！」と安心して、それぞれの**不快な記憶が適切な記憶の引き出しに整理され、不快な記憶そのものが消えていくのです。**

不快な記憶は、誰かに共感してもらえると、適切な記憶の引き出しに整理されるという仕組みがあります。

友だちが、自分と同じような辛い体験をしたことがあることを知ると、「辛い体験をしたのは自分一人じゃないんだ！」と安心して不快な思いから解放される、あの感覚に似ています。

逆に、**誰に話してもわかってもらえず、やがて誰にも話すことがなくなってしまった不快な記憶は、適切に整理されないままなので、あるとき突然、襲ってきます。**「ちゃんと引き出しにしまってくれ！」と整理されなかった記憶が訴えて、その人を困らせるのです。

催眠は、こんな人にこそ力になってくれるのです。

9

催眠の効果—5

無敵の〝アホ人間〟になれる

いつまでも消えない心の傷が癒された！

アメリカで心理学の勉強をしていた頃、トラウマ研究で有名なある博士が、**「記憶は時間とともに美化される」**というお話をしてくださいました。

博士の祖父が第二次世界大戦で日本軍の捕虜になり、終戦後に帰国した当時は、「日本兵の奴らめ！」と強く憎んでいたそうです。

それが、時とともに変わっていく。やがて祖父は捕虜になった頃を思い出して、「日本兵は同志だった」と述懐するようになった、というのです。

私はというと、人に対しての恨みやつらみ、失敗した後悔などが心の傷となっていつまでも消えずに残り、それらを思い出すだけでもこの世から消えてなくなりたくなるようなタイプでした。だから「記憶は時間とともに美化される」という説には、どうしても納得できませんでした。

でも、**催眠療法で呼吸合わせを行うようになってから、「あれ？　心の傷の状態が変わってきたかも！」という感覚がありました。**

それまでといちばん違っていたのは、「自分はよくやってきた！」と思えるようになったこと。

ひどいことをしてきた相手を許す、というのではなくて、「自分はその人たちと一緒にいてよくやってきた！」と初めて自分を褒めてあげられる、そんな感覚を味わえるようになりました。

そう、ひどいことをした相手が美化されるのではなく、自分自身の記憶が美化されていく。さらに、「私はすごい！」と思うのではなくて「私をこれまで助けてくれた無意識がすごい！」と実感できるようになったのです。

無意識がなんとかしてくれる！

無意識は、私たちが何をしていても、そのときに合った適切なペースで呼吸をさせてくれるし、体の二酸化炭素を吐き出し、そして酸素を体に取り入れて、こうして頭が働くようにしてくれている。体の血液の循環を保って激しい運動にもすぐに対応してくれている――。

あるとき、それと同じように、**私がこれまで自分の力で切り抜けてきたと思っていたことも、実は、無意識が私を守って、助けてくれていたから、切り抜けてこられたんだと気づきました。**

初めてこれを感じたときに、「私は頭がおかしくなったのかな？」とか「催眠療法でアホになったのかな？」と疑いました。

なぜなら、これまで自分以外の力を信じていなかったから。自分一人の力でなんとかしなければならない、と思っていたし、それ以外の力は頼りにならない、とこれまで痛感してきたから。

そんな私が**「無意識が助けてくれていた」**と思うなんて、とても不思議な感覚でした。

でも、その理由が次第に見えてきます。

催眠をほかの人たちに実行していると、自分の不快な記憶が整理され、不快な記憶の重荷が次第に軽くなっていきます。

その過程で、心の傷がどんどん癒されて、「無意識が私を助けてくれていた!」と"能天気"なことを感じられるようになっていくのです。

やがて、いつも心配だった未来のことも、「無意識がなんとかしてくれるさ!」とアホなことを思ってしまう。

実際に「自分一人の力でなんとかしなければ!」と頑張っていたときの私では考えられないようなすばらしい展開を、無意識が見せてくれるのです。

また、**「自分一人の力でなんとかしなければ!」と思い込んでいたのは、私の心の傷が影響していた**こともわかってきます。

無意識が心の傷を癒してくれたら、「無意識がなんとかしてくれる」と無意識に任せられるようになって、結果的に「私が！」「私が！」と、自分がしゃしゃり出なくなりました。

すると無意識の力が働いている私の周りの人たちの未来も、私と同じように「すごい！」と思える展開になっていく――。

「催眠で無意識に任せていれば無敵！」と信じているアホな私がここにいます。

第3章

催眠で“ブレイクスルー”を起こす

1

「呼吸合わせ」で相手との垣根を取り払う

初めて会った相手が打ち解けすぎ！

「相手の呼吸に合わせて、自分も呼吸をするだけでいい」
「息を吐くときにちょっと前傾姿勢になり、息を吸うときに元の位置に戻る、という繰り返しをする」

私は最初にこの**「呼吸合わせ（チューニング）」**の説明を聞いたときには、「なんじゃコリャ？　呼吸を合わせているだけでホントに相手を催眠状態に入れられるの？」と疑心暗鬼の念がかきたてられました。

でも、お師匠さんは、この呼吸合わせだけで「電車での酔っ払い同士の喧嘩を止めてしまった」といいます。

「極めればきっとすごいことになるんだろう！」と期待して、毎日練習に励むことにしました。

同じ頃、当時の勤め先のクリニックの院長先生から、「大嶋くん！　きれいなお姉さんたちのいるバーに行こう！」と誘われて、私は「お！　呼吸合わせの練習ができる！」と喜びました。

お店に入ると、院長先生はすぐに特定の女性と二人だけの世界に入ってしまいました。そこで私は、横についてくれた女性の呼吸に注目をしながら、さり気なく（前傾姿勢！　そして元の位置！）という具合に体を揺らしていきます。

すると、その女性が、「私の大切な子犬ちゃんが〜、3年前に病気で〜」といきなり不幸話を始め、泣き出してしまったのです。

今度は「相手を寝かせてしまった」どころではありません。

相手を完全に催眠状態に入れてしまい、意識的な抵抗をきれいに取り払ってしまった。それで私に〝打ち解けすぎて〟泣き出してしまったのです。

「まずい！」と思ったときは、時すでに遅し。怖い顔をした院長先生に、「大嶋くん！　こんなところで催眠の練習はダメだよ！」と怒られてしまいました。

確かに練習をしていたことは否定できないので「すみませんでした！」と軽く謝る。

でも、私は心の中で「呼吸合わせってすごいな！」と感嘆していました。

相手の意識的な抵抗が、こんなにかんたんに取り払えるなんて！

催眠のお師匠さんから「絶対に悪用しないように」と注意された理由がよくわかりました。

「その気になったら、本当に〝悪用〟できるんだ！」と自分でも怖くなってきました。

タクシーの運転手さんにかけてみた

この呼吸合わせのテクニックを職場の同僚の女性に説明したら、「それって面白いですね！」と目をキラキラさせています。

まさか「悪いこと」には使わないだろう、と思っていたら、なんと、意外なところで使ってしまっていました。

【タクシーの運転手さんにかけてみた】

飲み会で遅くなり、帰りの電車がなくなってしまったときのこと。タクシーの後部座席で運転手さんの呼吸に合わせて、（前傾姿勢！　そして元の位置！）とずっと体を揺らし続けていたとか。

すると、自宅のマンションの前に着いたら、タクシーの運転手さんが、なんと**「お代はいらないよ！」**と料金を受け取るのを拒否した、というのです。

「本当かよ！」と半信半疑

でしたが、どうやら本当らしいのです。ただ、彼女に催眠のテクニックを教えるとき、「くれぐれも悪用はしないように」と念を押していたので、彼女はきちんと全額支払ったそうです。

いずれにしろ、運転手さんの呼吸に合わせていただけなのに、**「すごい信頼関係が築けちゃった」**ということになります。

不思議な〝ブレイクスルー〟

呼吸合わせをしていると、「あ！　この人、こんな苦しみを抱えているんだ！」といった感じで、相手の苦しみが不快感として伝わってきます。

呼吸合わせでは、相手の話を聞くことよりも、ミラーニューロンで相手から伝わってくるこのような感覚をキャッチすることのほうが大切です。

さらに呼吸合わせを続けていると、「これが相手の中にある誰にも言えない感覚なんだ」という感じで相手への共感が生まれ、次第に不快感が打ち消されて相手との信頼関係ができあがるのです。

すると、相手が、大変な状況を一緒にサバイバルしてきた信頼のおける同志のように思えてくるから不思議。

呼吸を合わせるだけで、いつのまにか相手から深く信頼されるようになって、自分にも相手にも、無意識の力で不思議な〝ブレイクスルー〟が起きるのです。

呼吸合わせを試した多くの方が、「職場で自分のことを目の敵《かたき》にしていた人が優し

くなって、職場に行くのが苦痛でなくなった」とおっしゃいます。

私もこうしたブレイクスルーを経験したひとりです。

私は、子どもの頃から、他人のことが全く信頼できず、「なんでも自分の力でやらねばならない！」と思いこんでいました。

催眠療法を習い始めた頃も、他人に仕事を任せられず、なんでも自分で抱えこんでいました。大人になっても少しも変わっていなかったのです。

でも、この呼吸合わせを教わったことで、いつのまにか**相手の無意識を信頼できるようになり、自然と信頼関係が構築できて、人間関係がとても楽になりました。**

おかげで、職場に向かう足取りもずいぶん軽くなったのです。

2 「イエスセット」の催眠テクニック

相手に「はい」を3回繰り返させる

催眠のお師匠さんから教わった「イエスセット」という催眠テクニックを次に紹介しましょう。**イエスセットとは、相手に「はい（イエス）」と心の中で言わせるような言葉がけを繰り返すことで、相手を催眠に導入していく方法です。**

イエスセットの催眠は、日常で使ってみても面白いテクニックです。たとえば、職場でなら、こんなふうに使います。

同僚と「おはよう」と挨拶をしたあとに、「あれ、髪、切った？」と質問して1回めの「イエス」を引き出します。

そして「お店の人、カットがじょうずだね」で2回めの「イエス」を引き出して、さらに「その髪型すごく似合ってる！」で3回めの「イエス」をゲットしちゃいます。

こうして「イエス」を3回連続でいただくことで、相手の「発作」を打ち消す催眠をかけることができるので、相手は「この人と一緒に仕事をするのが楽しい！」という気持ちになります。

また、家に帰ってきて旦那と顔を合わせたときに、「今日も仕事大変だったでしょ？」で1回めの「イエス」。「あなたっていつも真面目に頑張っているよね」で2回めの「イエス」をゲットします。

そして「あなたって本当に親切で真面目な人だよね」で3回めの「イエス」。これで相手の「発作」を打ち消す催眠がかかって、旦那が家の手伝いをしてくれるようになったり、嬉しいことが次々と起きるようになります。

どんなシチュエーションでも、誰と会話するときでも、イエスセットを意識してやってみると、そこに催眠があります。

学校でも、生徒が先生に対してイエスセットをかけて「勉強がどんどん楽しくなる！」こともできるし、逆に先生が生徒にイエスセットをかけて「成績をバンバン上げる！」ことも可能です。

【相手に「はい」を3回繰り返させる】

イエスセットの催眠は「洗脳」ではなくて「発作を打ち消す催眠」です。お互いの信頼関係が深まり、お互いに無意識の力が使えるようになるから、本来の自分の能力を発揮できるようになるのです。

繰り返す順番は「見て、聞いて、感じて」

このイエスセットの応用で、「見て、聞いて、感じて」の順番で相手に「イエス」を繰り返させるテクニックがあります。

私の体験を次に紹介します。

お師匠さんが目の前に座っていて、私に「今、私の顔が目の前に見えていますよね」と言われ、私は「はい」とうなずきます。

「そして、外を走る車の音が聞こえてきます」と言われ、「ブーン」というエンジン音が聞こえていて、「はい」と私は軽くうなずきます。

「さらに、太腿《ふともも》ではパイプ椅子の感触も確かめることができます」と言われ、私は「ボーッとしてきて」、催眠状態に入っていきます。

「そうしていると、蛍光灯の光を感じます」「そこから、空調の空気の音も確かめることができます」とお師匠さんの言葉が続きます。

「さらに、空調からの空気の流れを頬で感じています」と言われたときには、まぶたを開けているのが辛くなってきます。

「見て、聞いて、感じて」という順番でお師匠さんの言葉がけが繰り返され、それに対して「はい」と私が答えていていているうちに、どんどん意識的な抵抗が弱まって無意識の状態になり、いつのまにか私は気を失っていました（お師匠さんは呼吸合わせを使って、私が息を吐くときに言葉がけをしてくださっていた）。

意識の"武装"が解除され催眠の入り口へ

「見て、聞いて、感じて」のイエスセットで催眠に入れる方法には、タネも仕掛けもあります。

キーワードはここでも無意識です。

実は、私たちはこの「見て、聞いて、感じて」というのを無意識でやっています。

集中して本を読んでいるときに「窓の外から雨の音が聞こえてきます」と言われる

と、「あ！　確かに聞こえる。気づかなかった！」となります。

これは、「無意識に雨の音を聞いていた」ということです。

本を読むときのように集中して「見る」をしていると、「聞く」は無意識に任せて意識することができなかったりする。また、集中して「聞く」をしていたら、たとえば「足の裏が冷たい」といった「感じる」感覚も無意識任せにしていたりします。

こうして**「見て、聞いて、感じて」のイエスセットを何度か繰り返していると、無意識が常に働いていることに気づくようになって、やがて〝無意識さん〟の力に任せたくなる。それが催眠状態の入り口になるのです。**

「見て、聞いて、感じて」のイエスセットで意識的な抵抗がなくなって催眠状態に入るもう一つの理由は、ふだんの生活では「イエス」「イエス」「イエス」と連続して肯定することがほとんどないからです。

ふだんの生活では「何が正しくて、何が間違っているのか？」ということを常に考えてしまっています。

人と会話をしているときも、たいてい「それは違う！」と相手に反発したり、「でも」「だって」と言い訳をしたりしているものです。

これが私たちのふだんの意識の状態。意識は「ノー！」と言うことで、自分と他人との違いを作り出し、自分を特別なキャラクターに演出しようとします。

それが「見て、聞いて、感じて」のイエスセットをかけられて、「確かに見えています」「そう聞こえています」「それを感じています」と連続して**「イエス」と心の中でつぶやくことで、意識的に他人との違いを生み出して特別なキャラクターになる必要がなくなってくる。**

こうして自分から特別なキャラクターが取り払われたときに無意識の状態になって、そこから深い催眠状態へと誘われていきます。

また、いろんな種類の「見て、聞いて、感じて」を繰り返し相手にフィードバックしていると、催眠をかける側にも「あ！　それわかる！」という具合に相手と同じことを感じている一体感が生まれてきます。同時に意識的な抵抗が取り払われて、無意識の世界へと誘われていく。

同じことを感じている安心感から、こちら側の意識的な抵抗が必要なくなっていき、どんどん深い無意識の催眠状態へと入っていくのです。

「見て、聞いて、感じて」の日常生活への応用

「見て、聞いて、感じて」のテクニックは、たとえば次のようなシチュエーションで応用可能です。

いつまでもダラダラとテレビを見続けている家族に対して、**「今、テレビの画面が見えているよね」**（↓「見て」）とつぶやいてみます。

「そして、司会者の声も聞こえてくるよね」（↓「聞いて」）などと当たり前のことを言って、相手に「イエス」を繰り返させます。

「そうしていると、座椅子の背もたれの感触を背中で確かめていたりして」（↓感じて）と言うと、相手は「あれ？」となってきます。

「そしてテレビを見ながらも照明の明るさが感じられている」（↓「見て」）と声をか

けたあとに、「さらに冷蔵庫の音も聞こえてくるよね」（↓「聞いて」）と言葉をかけます。

「そんなことをしていると指先で顔の感触を確かめることができる」（↓感じて）と言うと、相手は立ち上がってテレビを消していて、「もう寝るよ」となります。

ふだんだったら「いつまでもテレビを見ているんじゃないわよ！」と注意しても、「わかってるよ！」と言いながらダラダラと見続けてしまう。

それがイエスセットを使うと「無意識の選択」ができるようになって、「早く寝て健康的な生活を送ろう！」という意識に変わるのです。

3

「客観的データ」で無意識と一体になる

エリクソン博士が駆使した「スクリプト」とは？

「ある男の子がね、手品師の手品の仕掛けが知りたくて、毎日、湖畔の船着場で手品師のことを待っていたんだ……」

催眠のお師匠さんが、こんな**「スクリプト（物語）」**を読み上げ始めます。

すると、アメリカのテレビドラマなどで、「小さな子どもがお母さんにねだって本を読んでもらっていたら、すぐに寝てしまった」シーンのように、私もいつのまにか眠りのような催眠状態に入ってしまうのです。

こんな体験を重ねるたびに、早く自分もお師匠さんのような美しいスクリプトが書けるようになりたいと思うのですが、お師匠さんから、「あの**天才催眠療法家のエリ**

クソン博士も40回以上、スクリプトを書き直している」と聞かされて、（それじゃあ、僕には無理じゃん！）と心の中で突っこんでいました。

いったいスクリプトとはどんなものなのでしょうか。

その話の前に、「客観的データ」というものの役割についてご説明したいと思います。

エリクソン博士について書かれたある本に、「博士はスクリプトを書く前に、助手に、患者さんの家に行って、家の色や形や階段の色、そしてカーペットの種類まで調べさせた」と書いてありました。

いきなり「ン？？」ですよね。

私も最初は悔しいけれど全く意味がわからなかったのですが、あるとき、「そういうことか！」と大学時代の教室での、ある出来事を思い出しました。

「客観的データ」の催眠力

私が学んでいた大学の心理学の教授が、金魚鉢に入っている1匹の金魚を指さして、「この金魚の客観的データをレポート用紙10枚分」とだけ言って、教室を立ち去りました。

私は4時間観察し続けて、「口をパクパクして苦しそう」とか「狭い金魚鉢の中で運動不足になりそう」「1匹だけで寂しそう」などと、なんとか10枚書き上げて提出しました。

ところが、次の授業のときにもどってきたレポートを見ると、教授の乱暴な筆跡で「金魚の気持ちについてはあなたの主観による推測であって客観的なデータではありません!」と書いてありました。もう1回、レポートの出し直しです。

次は、「上に上がって、しばらくしたら下がって……」「右回転して、さらに左回転をして……」と、観察したことを客観的に書いて提出したのですが、またしても再提出になってしまいました。

そのショックもさることながら、「また、何時間も金魚とにらめっこをするのか！」とうんざりした気分でした。

気を取り直してまた金魚の観察を始め、今度は「尾ビレを3回左、右、そして左と動かして、頭を左45度に胴から傾けて、左に回転して再び、尾ビレを左、右、そして、左の順番で振りながら進む」「上におよそ2センチ浮上して、そしてそこから20秒経過した時点で、下のほうにおよそ6センチ下がって右におよそ60度回転した」などと「回数」や「角度」を入れて**「客観的なデータ」を次々に書いていたら、だんだん観察するのが楽しくなってきました。**

そしたら「あ！　金魚と一体になれた！」という瞬間があったのです。

それは、「寂しい」「悲しい」「苦しい」といった気持ちや感情の全くない「無」の世界で、〝ただ存在しているだけ〟の喜びがありました。

「これが客観的なデータの効果なんだ！」と納得し、それを教えてくれた教授に感謝したのです。もちろん、3度目のレポートの結果は〝合格〟でした。

催眠の世界の入り口を開ける鍵

私は学生時代のこんな授業の一コマを思い出し、エリクソン博士が助手に命じて、患者さんの家の色や形、階段の色などを調べさせた理由がわかった気がしました。

客観的なデータは、「無」の世界、催眠の世界の入り口を開ける鍵になるのです。

そこで私は、「相手の気持ちを考えないで、客観的なデータだけを集める」ということを徹底して真似してみようと思いました。

あの心理学の授業でのレポートのときと同じく、**50個ぐらいの客観的なデータを集めると、「あ！　呼吸合わせをしたときと同じような一体感を感じられる！」**とびっくりしました。

それだけじゃなくて、催眠状態で、相手の家の中の様子がリアルに見えるようになったのです。

突然、本人が全く語っていない「ケトル」が頭の中に浮かんでくる、といった不思議なことが起きる。すると、ケトルを入れたスクリプトが、催眠のお師匠さんのように「スラスラ書ける！」ようになっていたのです。

私は、なぜケトルが出てきたのか不思議に思っていたのですが、その物語を相手に読み上げたときに、「爆発的な怒りがこみあげることが、いつのまにか止まりました！」と言われて、「そうか！　ケトルは〝怒りの瞬間湯沸かし器〟のことだったのか！」と自分の中で納得しました。

このように、**客観的なデータを集めて催眠状態に入り、無意識の世界で相手との一体感を感じると、相手の無意識が必要としている「メタファー（暗喩＝たとえの形式をとらない比喩のこと）」が浮かんできます。**そのメタファーを使うと、「かんたんに相手を救うスクリプトが書ける！」ということになるのです。

私はコナン・ドイルの「シャーロック・ホームズ」のシリーズが好きで、子どもの頃からよく読んでいましたが、ホームズもエリクソン博士のように、いろんな出来事を細かく観察して客観データを集め、最終的に犯人をつきとめていたことを思い出しました。

「名探偵ホームズは、客観的データで無意識の力を起動し、難事件を次々と解決して

いったんだ」。そう思ったら楽しくなりました。

催眠をより深く学んでいく中で、私はいつのまにか客観的なデータの力に魅せられていったのです。

4

「スクリプト」で無意識の力は無限大

「拒絶」が「変化」を阻《はば》んでいる

次に、これまでにも何度か紹介した「スクリプト（物語）」についてさらに詳しく見ていきましょう。

そもそも、催眠になぜスクリプトが有効なのでしょうか。

それは、ひと言で言えば**「スクリプト以外で相手を変えようとしても意識的な抵抗が入るから」**です。

「意識的な抵抗」とは、要するに「説教かよ！」とか「私の気持ちをわかっていないくせに勝手なことを言うな！」というのがそれ。

たとえば、会社の上司が部下に仕事のコツやノウハウを説明するときに、自分の経験を例に出して話をしてしまうと、「なんだ、自慢話かよ！」とか「私には無理！」という力が部下の心に働いてしまう。

あるいは、ゴミをちゃんと分別しない夫に、妻が「あなた！　燃えないゴミと資源ゴミは別ですから！」と注意すると、夫のほうは「そんなのわかっている！」と反発します。そう言いながらも何度も同じ間違いを繰り返します。

「そんなことは言われなくてもわかっている！」という**「意識的な抵抗」の影響で、「わかっているけど、それができない」という堂々巡りを繰り返してしまう。**私がまさにそうでした。

心理学の研究を始めてから、多くの方から教えを受け、そのときは「おー！　素晴らしい！」「なるほど！」と感動するのですが、「意識的な抵抗」が邪魔をしてしまって少しも身につかず、自分自身の中身も少しも変わらない状態が続いていました。

この厄介な「意識的な抵抗」を取り払ってくれたのが、催眠のお師匠さんから教わったスクリプトでした。

最初は、「あれ？　今の物語になんの意味があったの？」と思うのですが、あとになって、「あ！　催眠にやられた！」と気づきます。

やがて**スクリプトによって、私の無意識の力が勝手に働いて、**それまで私がどんなに努力しても変えられなかったことがかんたんに変えられるようになっていくのです。

お釈迦様もスクリプトの達人だった

催眠スクリプトは長い物語である必要はなくて、場合によってはひと言でも大丈夫です。

そこで思い出すのが、**仏教の開祖ブッダ（釈迦）**の次のような説話です。

キサー・ゴータミーという名の若い母親が、幼い子どもを病気で亡くしてしまいました。ゴータミーは錯乱《さくらん》状態に陥り、子どもの亡骸《なきがら》を抱えて、「この子を生き返らせる薬をください！」と家々を訪ね歩きます。

もちろん、そんなものがあるはずはないのですが、そこにブッダがやってきます。

ブッダは、**「息子も娘も家族の誰も、これまで一人も死人を出したことのない家からカラシダネ（芥子種）を一つかみもらってきなさい。そうすれば子どもは生き返ります」**と伝えました。

ゴータミーは勇んで家々のドアを叩き、カラシダネを求めますが、これまで家族を誰一人亡くしたことがない家など一軒もなく、どの家でも口を揃えて「生きている家族よりも亡くなった家族のほうが多い」と言われてしまいます。

それを繰り返しているうちに夕方になり、ゴータミーは「なんて恐ろしいことだ。愛するものを失ったのは私だけじゃない。死はまぬがれないものなんだ」ということに気がつきます。

そのとき、ゴータミーの哀しみは消えていました。のちに彼女はブッダの弟子になります。

ブッダが最初からゴータミーに「誰にでも死は必ずやってくる」と説教をしていたらどうでしょうか。

きっとゴータミーは、「私の哀しみも知らないで勝手なことを言っちゃって！」と意識的な抵抗が作動して、いつまでも町の家々を訪ね歩いたはずです。

そこに**「カラシダネ」というメタファーを催眠スクリプトに使って、**女性に町の人々の家々のドアを叩かせたときに、ブッダの催眠的な物語が完成し、女性の意識的な抵抗が取り去られ、無意識が起動します。

そして、ゴータミーは催眠的なスクリプトのおかげで無意識の力が使えるようになって、それまでとは違った人生を送れるようになったのです。

スクリプトの作り方のコツ

エリクソン博士も、ブッダが我が子を失って狂乱する母親に「カラシダネをもらってきなさい！」と言ったのと同じような感じで、離婚問題を抱えた夫婦に「山に登りなさい！」と伝えたりしています。

「山」がメタファーとなって、山に登る間の夫婦間の物語が不思議なスクリプトとして二人を催眠状態にし、さらに無意識の力が使えるようになって、それまで意識的には全く解決の糸口さえも見られなかった夫婦関係が改善されていくのです。

こんなふうに書くと「催眠のスクリプトを作るのってすごく難しそう」と思ってしまうのですが、ちょっとしたコツを覚えておけば、誰にでもかんたんにできます。

たとえば、引きこもりの人を「なんとか外出できるようにしてあげたい!」と思って、引きこもりの人が外出できるようになるまでの物語を作って聞かせても、むしろマイナスの暗示をかけることになって相手の意識的な抵抗は強まるばかりです。

そこでたとえばですが、「猫」をメタファーとして、「行方不明になった猫」という催眠スクリプトを作ります。

相手に直接関係のある話や相手のためになる話ではなく、「猫」とかお釈迦様の「カラシダネ」やエリクソン博士の「山」のように、全然関係ないメタファーを使った物語のほうが効果的です。

作り方のコツは、まず、相手の客観的なデータを30個くらい集め、そして頭に浮かんでくるメタファーを物語に含めること。

浮かんできたメタファーは無意識からの贈り物。

相手の意識的な抵抗を解除する鍵になってくれます。

それを使って物語《スクリプト》を作ることで、催眠状態で無意識の力が使えるようになり、自分自身の催眠の実力もどんどん高まっていきます。

「イエスセット」でスクリプトがどんどん書ける!

スクリプトを書くときも、イエスセットを応用できます。

たとえば「男の子が目の前に広がっている湖を眺めています」というように「見て」から入り、さらに「風が吹くときの木の葉が揺れる音が爽やかに聞こえてきます」「そして、頬ではその爽やかな風を感じることができる」というように、「聞いて」「感じて」の流れで展開していきます。

この流れでスクリプトを書いているうちに、**書いている自分自身がイエスセットの催眠に入っていき、いつのまにかスクリプトの主人公になっていることに気づきます。**

こうしてどんどん催眠状態が深まり、「いくらでも楽しい物語が書けてしまう!」

という状態になります。

自己催眠状態になって、無意識の力を自由に使えるようになり、**楽しいストーリーが自然と面白いように展開していく**のです。

そして、それを相手に読み上げたとき、その物語に含まれているメタファーが相手の無意識に働き、相手は、いつのまにか無意識が望んでいる正しい方向に進めるようになるのです。

5

催眠をかけるときの約束事

相手をコントロールするのが催眠ではない

教科書的な説明になってしまいますが、クライアントさんを相手に催眠療法を始めるときは、**「これから催眠療法をあなたに使わせていただきます」**と相手から「同意」を得てから使う必要があります。

実は、この「同意」を得るところから催眠療法が始まっています。

私が催眠療法を使いたいと思った理由は、「苦しんでいる人や困っている人の苦しみや悩みを解放するお手伝いをしたい」と思ったからでした。言い換えると、私の中では、「催眠で相手の症状をコントロールする」というイメージがあったのです。

でも、催眠のお師匠さんから催眠療法を学んでいけばいくほど、それが間違いであることに気づかされました。

それまでの私は、先に紹介した「金魚鉢に入っている1匹の金魚についてのレポート」のときのように、**相談をしてくださっている相手のことを、「苦しそう」「孤独そう」と勝手に決めつけてしまっていただけでした。**

あのとき、金魚についての客観的なデータを集めたら、「金魚と一体になった!」という感覚が生まれ、この金魚は「苦しい」とか「孤独」や「かわいそう」といったこととは全く無縁の世界に生きていることが感じられました。そして、私の中に金魚に対する「リスペクト(尊敬)」が生じたのです。

それと同じように、お師匠さんの催眠を体験して、**催眠とは人をコントロールするものではなくて、その人の本質に触れて「尊敬」することなんだ、**ということを学んだのです。

その人の本質である無意識を尊敬することで、無意識の力がその人の中で働き、その人が願っていることをいつのまにか叶えてくれるのが催眠なのです。

スクリプトを使うときの注意点

スクリプトを使うときは、「呼吸合わせ」や「イエスセット」を使うときのように、相手を自然に誘導するわけにはいきません。相手に、これから催眠療法をかけることを申し出て、「催眠の仕組み」もきちんと説明してからスクリプトを読み上げることになります。

催眠のお師匠さんは、ある心理療法の学会で、なんの前置きもなしに、いきなり催眠スクリプトを読み上げるという〝荒技〟を披露したことがありました。会場にいた方のほとんどが催眠状態に入ったのですが、みんなその自覚がなくて、「いきなり退屈な話を聞かされて寝てしまった」という印象でした。

ですから、「え？　この人はいったい何を始めたの？」と相手から不思議な目で見られても構わないという覚悟があるのでしたら、「いきなり読み上げる」のもアリかもしれません。

とはいえ、**私の体験上では、まず相手に催眠スクリプトの説明をして、なんのため**

に読み上げるのかを伝えてから始めるのが、一番効果が見こめるかもしれません。

相手と自分へのリスペクトが前提

あるとき、お師匠さんとのセッションで、お師匠さんから「さあ、私に催眠をかけてください」と言われ、「え～!?」と思わず言葉に詰まってしまったことがありました。

「かからなかったらどうしよう?」と、一気に不安でいっぱいになったのです。

目の前には、クライアントさんが座る椅子にドカッと腰かけて、まな板の上の鯉状態でお師匠さんがいらっしゃる。

「お師匠さんの時間を無駄にするわけにはいかない」と私は覚悟を決め、「これから催眠療法を使わせていただきます」とお師匠さんに伝えた瞬間、それまでの不安が消えました。

「かからなかったらどうしよう?」と不安になるのは、「自分が相手をコントロールしようとしているから」と気づいたのです。

私にお師匠さんをコントロールすることなんかできっこない。いや、誰のこともコントロールなどできない。でも、催眠療法で無意識の力を相手から感じ取って、相手を「リスペクト」することはできるのです。

また、「かからなかったらどうしよう？」と思った自分は、「自分に対してのリスペクトがなかった」ことまで気づかされました。

自分をリスペクトできなかったら、相手に対してもリスペクトできない。だから**「催眠療法を今から行わせていただきます」と宣言することは、自分の無意識に対するリスペクトでもあるのです。**

これらのことに気づいた私の声は、いつのまにか自信が満ちていき……、そこから私の記憶が消えています。

私の無意識が〝勝手に〟お師匠さんに催眠をかけた。だから、私にはそのあとの記憶が全く残っていないのです。

無意識という言葉自体に催眠効果がある

ある学会の基調講演でお師匠さんが、**「無意識という言葉は、それ自体が一つのメタファーで催眠的な効果がある」**というお話をされていました。

要するに「無意識」という言葉を使うだけで、相手を催眠状態に入れることができます。また「催眠」という言葉にも同じような効果があります。

つまり、実際に催眠療法を使う前に、相手の方に、無意識、催眠といった言葉を用いながら催眠療法の説明をしますが、その**説明の段階から、すでに催眠療法が始まっている**ことになります。

私がクライアントさんに催眠療法の説明をするときは、「呼吸のペースを整えたり、運動をしているときの心拍数を適切に保ったりして私たちを助けてくれているのは、無意識の力によります」というところから入ります。

また**「催眠療法とは、ふだんから私たちを助けてくれている無意識の力を使って、**

私たちが本当に望んでいる方向を確かめたり、その方向に進むお手伝いをしたりするためのものです」と伝えます。

要するに「催眠療法」とは、相手の心の中に潜んでいるものを第三者が勝手に暴いたり、相手の行動をコントロールしようとするものではなく、「常に私たちを助けてくれている、私たちの中にある無意識の力」を使って、私たちが本当に求めているものを得るのを助けるための療法である、ということになります。

そんな説明をしながら、もう催眠療法は始まっているのです。

6 催眠の解き方と注意点

催眠からの覚醒を促す3つのフレーズ

催眠のお師匠さんの講座で、受講生全員がお師匠さんの催眠を体験する機会がありました。

私は、お師匠さんの誘導のスクリプトを聞きながら、「もしかからなくてお師匠さんに恥をかかせたらどうしよう？」などと余計なことを考えていましたが、気がついたらお師匠さんが**「ひとーつ！　爽やかな空気が頭に流れてきます！」**と催眠からの覚醒の誘導をなさっている。

「ふたーつ！　身体がだんだん軽～くなっていきます！」とお師匠さんの声がだんだんクリアに頭の中に響いてきます。

「みっつで、大きく深呼吸をして～、頭がすっきり目覚めます！」という声が聞こえたら、なんだかぐっすりと寝たあとのような感じになっていて、お師匠さんが何を喋っていたのか、途中から覚えていませんでした。

「仕事で疲れていたから眠くなって寝ちゃったのかな」と思ったり、果たして自分が本当に催眠に入ったのかどうか、はっきりわかりませんでした。

ただ、「なんで寝てしまったんだ！」といった後悔は不思議となくて、気分はすっきりしています。

あとで、私と一緒にお師匠さんの催眠療法の講座を受講した女性に聞いてみると、「え？　私は、お師匠さんのお話を全部覚えているわよ！」と話してくれて、「やっぱりただ眠くなって寝ちゃっただけなのかも！」とちょっと不安になりました。

その日の帰り、ふだんだったら星空なんて眺めたことがなかったのに、なぜか「今日はどれくらい星が見えるかな？」と確かめたくなって空を眺めている私がいます。

そのとき、「あ！　湖のほとりで誰かと星空を眺めていたんだ！」と、お師匠さんが語ってくださったスクリプトの一場面がふと私の頭の中に浮かんできます。

全部は思い出せないのですが、星空を見ながらなんだか懐かしい感覚になって、いつしか私の目から涙があふれていました。

こうして私は、「やっぱり寝ていたんじゃなくて催眠状態だったんだ！」ということを知りました。

催眠は覚醒してからが本番

次の週に、そのお師匠さんの言葉を最初から最後まで全部覚えているという女性と顔を合わせたので、前回の催眠の効果を聞いてみると、「ひと一つ！　爽やかな空気が頭に流れてきます！」という覚醒のかけ声を聞いたとたん、「私には催眠が効かなかったんだ」と思ったと教えてくれました。

覚醒のかけ声を聞くまでのことをよく覚えているという人は、「あーあ、自分は催眠状態にならないで、ずっと覚醒していたんだ」と催眠状態を否定することが少なくありません。

逆に、私のように覚醒の言葉を聞くまでのことをよく覚えていなかったりすると、「しまった！　寝てしまった！」と、これまた催眠状態にあったことを否定してしまうのです。

ここに大切なポイントがあります。

「催眠が効かなかった」という感覚は意識的なものであって、催眠の力は、私たちが意識できない水面下の無意識で働くものだということです。

「ひとーつ！　爽やかな空気が頭に流れてきます！」と催眠からの覚醒を促すことで、催眠をかけられている人の意識と無意識が分けられ、**「意識が無意識の邪魔をしない」状態**が作り出されます。

「意識が無意識の邪魔をする」というのは、たとえば、ピアノの発表会のときに「この部分はどうやって弾いたんだっけ？」と意識したとたんに頭が真っ白になって指が動かなくなってしまった、という場面を想像してみてください。

皆さんにも似たような経験があると思いますが、意識すればするほど無意識にできていたことができなくなる、ということがしばしば起こります。これが「意識が無意識の邪魔をする」ということです。

覚醒したあとの意識の水面下では、「意識が無意識の邪魔をしない状態」になって、無意識が自由に動き回り、私たちが本当に望んでいることに気づかせてくれたり、その方向に自動的に導いてくれたり、また必要なものをすべて用意してくれたりするのです。

ですから催眠の覚醒の作業はとても大切です。

むしろ、覚醒してからが、催眠効果の本番なのです。

「ひとーつ！　爽やかな空気が頭に流れてきます！」
「ふたーつ！　身体がだんだん軽～くなっていきます！」
「みっつで、大きく深呼吸をして～、頭がすっきり目覚めます！」

無意識が自由になった可能性に満ちた世界に踏み出していきましょう。

第4章

超かんたん催眠「呼吸合わせ」のテクニック

1 催眠は日常生活でこそ役に立つ

イタリアンのお店での出来事

以前、職場の同僚の男性と、イタリアンのお店に行ったときのことです。

席に着くと店員さんがメニューを持ってやってきて、私に向かってニッコリとフレンドリーに会釈《えしゃく》してから、同僚に向かってコースのセットの組み合わせについて説明を始めます。

そのお店へ行くのは私も同僚も同じく2回めでしたが、「やっぱり同僚は店員さんに覚えられていないな」ということがわかります。

店員さんがさがると、その同僚も「あれ?」と思ったのか、「なんで店員さんはぼくにだけコースの説明をしたんだろうね?」と面白いことを言います。

実は、私は、前回、そのお店に同僚と行ったときに、店員さんに対して「呼吸合わせ」の催眠を使って、店員さんとの間に〝信頼関係〟を作っていました。

だから、一度しか顔を合わせてないのに、店員さんが私のことをなじみの常連さんみたいに扱ってくれたのです。

初めて行ったお店で「呼吸合わせ」を使うと、次にそのお店に行くのがどんどん楽しみになってきます。

呼吸合わせは日常でもいろいろ使える便利なテクニックなのですが、催眠を始めたばかりの頃は、「ずっと相手の呼吸に注目してないといけないなんて、ちょっと面倒くさいな」と苦手意識がありました。

でも、やっていくうちに、「手抜き」ができることがわかりました。

そして今では、相手の呼吸にずっと合わせる必要もなくなり、**相手と目が合った瞬間に呼吸合わせをするだけで「催眠」が使えるようになったのです。**

コツは相手の「肩の動き」に合わせること

「いつからこんなに超かんたんな呼吸合わせができるようになったんだろう?」と振り返ると、いろいろあったことを思い出します。

とにかく最初の頃は真面目に、「相手の呼吸に合わせなきゃ」と必死でした。これが全然楽ではありませんでした。

相手の「吸って、吐いて」のタイミングに合わせて呼吸をしていたら、相手と自分はそもそも肺活量も違うわけで、「酸素が足りない!」と苦しくなることもあります。

特に、話をしている相手の呼吸に合わせるのがものすごく大変でした。ずっと喋っている人だったら、「いつになったら息が吸えるんだ!」という感じで、酸欠状態になったりします。

でもあるとき、酸欠状態でボーッと相手を眺めていて、「そうか、**相手と〝同じ呼吸〟をする必要はないのかも……**」ということに気づきました。

それからは、だんだん適当になってきて、「相手が呼吸をするときの〝肩の動き〟

に合わせればいいんだ」ということがわかったのです。

また「こちらがボーッとしているほうが相手の肩の動きがわかりやすい」ことに気がつきます。

「ボーッとしながら、相手が息を吐くときに自分の肩を前に、そして息を吸うときに自分の肩を元の位置に戻す」を繰り返す――。

すると、「相手がちゃんと催眠状態に入っていった！」となるから、呼吸合わせが楽しくなります。

読者の皆さんはこの方法を試してください。

「呼吸合わせって、こんなに適当で楽でいいんだ！」とわかると、最初の頃にすごく真面目に取り組んでいた自分がちょっと滑稽にさえ思えてきます。

さらに、**相手が呼吸するときの肩の動き幅にも注目して、それに丁寧に合わせるようにしています。**

そうすると、相手だけじゃなく、自分もあっという間に催眠状態に入るようになっ

【コツは相手の肩の動きに合わせること】

てきて、またあることに気づきます。

「相手の肩の動きを真似しなくてもいいのかもしれない！」

そうなんです。

「相手の呼吸に合わせています」という気持ちで、自分の肩を適当に「前に、そして元の位置に」を繰り返していると、自動的に相手の呼吸が私の肩の動きに合ってきて、いつのまにか相手も私も催眠状態に入っていきます。

「これって私が相手の呼吸に合わせているのではなくて、私が相手の呼吸のペースを誘導しているのでは？」と感じる人もいるかもしれませんが、この方法をマスターすれば、さらに「超テキトー」に呼吸合わせができるようになっていきます。

「意識するだけ」で催眠状態へ

呼吸合わせがかんたんにできるようになったら、「以前だったら相手の緊張を解く催眠にすごく時間がかかっていたのに、全然時間がかからなくなった！」とびっくりします。

また、呼吸合わせがかんたんにできるようになればなるほど、相手との信頼関係もかんたんに築けるようになって、自分の催眠レベルが上がってきているのがわかります。

やがて、呼吸合わせを「意識するだけ」でその場に催眠状態を作り出し、相手の感情や本音を引き出したり、相手に潜んでいるすごい力を引き出したりとか、もっと高次な催眠までできるようになっていきます。

もっと不思議なことといえば、さっき紹介したイタリアンのお店に行くたびに、その店員さんと呼吸合わせをして一体感を感じていたら、やがてそのお店がどんどん繁盛するようになっていったのです。

呼吸合わせを真面目にやっていた頃は、「呼吸合わせって、催眠療法としてはたいしたことないかも」と感じていたけれど、これが「超テキトー」にできるようになればなるほど、感嘆の「すごい！」の数がどんどん増えていったのです。

「呼吸合わせ」は催眠の基本

呼吸合わせは現代催眠の基本的なテクニックです。まず呼吸合わせから入って、イエスセットやスクリプトのテクニックにチャレンジするのがいいでしょう。

呼吸合わせで無意識の状態に入り、相手と脳のネットワークでつながると、相手の感覚がしっかりとこちらに伝わってくるので、イエスセットが容易にできるようになります。相手に何を言ったらイエスの答えが返ってくるかが、手に取るようにわかるからです。

呼吸合わせをしながら相手の話を聞いていると、これまで行ったこともない相手の家の様子が具体的に見えてきたりするのは、相手と脳のネットワークでつながっていることによります。

こうしてイエスセットを繰り返していくにつれて催眠状態がさらに深まり、ますます相手の感覚が明瞭にこちらに伝わってくるので、スクリプトが面白いように書けるようになります。

呼吸合わせとイエスセットで催眠状態が深化し、相手との無意識のつながりが深くなることで、いつのまにか「相手にとって一番効果的なスクリプト」を完成できるようになるのです。

2 催眠で相手と自分の緊張を解く

話している相手でも、黙っている相手でも、必ず「息を吸って」そして「息を吐いて」います。

それに注目して、相手の呼吸に合わせながら、自分の肩を前後に動かしていると、「あれ？　不快感がなくなった！」「あれ？　相手が寝てしまった！」と不思議な体験ができてしまうのが「呼吸合わせ」のテクニックです。

以下では、呼吸合わせのいろんな応用ケースをご紹介しましょう。

ケース1 「苦手なママ友」と一緒にいる時間が耐えられない

まず紹介するのは、**「ものすごく苦手なママ友がいる」**と悩んでいらっしゃったKさんのケースです。

Kさんによれば、そのママ友の話すことといえば、自分や家族の自慢話や人の悪口ばかり。あるとき、Kさんがママ友と子どもの塾の話をしていたら、「うちの子は最近、自分で勉強をするようになったけど、あなたのところはどう？」と聞いてきました。

「うちの子なんか、ちっとも自分からすすんで勉強なんかしないわよ」と答えると、勝ち誇ったような顔をして、「普通はそうよね」と話を終えてしまいます。

（え？　そのあとのフォローはないの？）とKさんはびっくり。

そして、ものすごく不快な気分になってしまい、家に帰ってゲームをやっている子どもを見ると、思わず「宿題は終わったの？　もうゲームばっかりして！」と怒鳴りつけてしまいます。

泣き出す子どもを見ながら、**「あのママ友の影響でこっちまでイライラしちゃって」**と不快な思いに囚われます。

Kさんは、「本当に彼女が苦手！」で会いたくないのですが、子どもの習い事が一緒なので、迎えに行った待ち時間に、必ず顔を合わせます。それが気が重くて仕方がありませんでした。

そんなときに、知人から私の「呼吸合わせ」の催眠を教えられ、「あの苦手なママ友に催眠を使ったら楽になるかも」という思いで試してみることにしました。

いつものようにママ友が自慢話や人の悪口を言い始めたので、「相手の呼吸に注目する」ことに意識を集中しようとします。

ところが、いざ肩の動きを合わせようとしてもなかなかうまくいかず、そのママ友の話が耳に入ってきません。

こっちが聞いていなくても彼女はひたすら喋っています。

「私が話を聞いてないことがわからないんだ」とKさんは新しい発見をします。

それからも、「もっと集中しなきゃ」「肩の動きを合わせるのって難しい」などと思いながら、Kさんは呼吸合わせを続けました。

結局、その日の呼吸合わせでは、「何も起こらなかったな」という印象でした。

家に帰ってから、「本当に効き目があるのかな？　それとも私のやり方が間違っていたのかな？」とちょっと不安になりましたが、「まあ、いいか」という気持ちになって、ベッドに入りました。

その日は、苦手なママ友と接したあとの、いつもの不快感がないことをすっかり忘れていました。

そして、再びそのママ友と会ったときに、学校の先生の陰口を言っている彼女の呼吸に注目しながら肩の動きを合わせてみると、「あら、ちょっとだけコツをつかんできたかも」という感覚がありました。

すると、それまでずっと喋りっぱなしだったママ友が急に黙り、スマホをいじり始めます。

「話を聞いてないことがばれた？」と一瞬、相手の気分を害したのかと怖くなったのですが、不快な緊張感が彼女から伝わってきません。

そのまま放置して、子どもを待ちながらボーッと平和な時間を過ごすことができました。

これまでだったら相手から伝わってくる緊張感で、「なんか喋らなきゃ」とKさんのほうから話しかけていたのが、**呼吸合わせをしたら相手の緊張感が落ちて、「こっちは黙っていても平気かも」とその場を静かに過ごすことができたのです。**

そして、次にママ友と会ったときも同じように呼吸合わせをしたら、やっぱり前回以上に緊張感を感じなくなり、Kさんは、平穏な心でその場にいられるようになりました。

同時に、目の前の相手がすっかり苦手でなくなっていることに気づいたのです。

ケース2　息子が授業で当てられるのが嫌で学校に行きたがらない

Sさんの悩みは、**小学3年生の息子さんが学校に行きたがらない、**ということでした。ズルズルと登校拒否にでもなったらどうしようと心配になり、私のところに相談にみえました。

お子さんが学校に行きたがらない原因は「授業中にすごく緊張して、先生から当てられるのが怖い」ということでした。

翌日、Sさんは私が指導した「呼吸合わせ」を試してみることにします。

暗い顔をして学校から帰ってきた子どもの呼吸に注目しながら、「学校どうだった?」と質問をしてみます。返事はいつものように「別に」だけ。

ランドセルをリビングのソファーに投げ出して、テレビの前でゲームを始めた子どもの背中を見ながら、Sさんは「呼吸合わせ」をします。

「こんなことをして本当に子どもの緊張が解けるのかな?」と疑問に思いながら、**「吸う息」と「吐く息」に合わせて、肩の動きを真似しています。**

続けているうちに、自分の呼吸が苦しくなってきました。

「子どもの呼吸に合わせているから、自分の呼吸のペースが乱れて苦しくなっているのかな?」と思いながら呼吸合わせを続けていると、「フッ」と呼吸が楽になった瞬

間がありました。

すると、子どもが急にゲームのコントローラーを置いて、自分の部屋に行ってしまいます。

「あれ？　いつもだったら食事時までゲームをやめないのに？」と不思議な気分です。

夕食を食べながら、「○○ちゃん、今まで部屋で何してたの？」と聞くと、「宿題と明日の予習」という意外な答えが返ってきました。

「宿題をやっとかないと、先生から当てられたときに答えられなくてかっこわるいから、ちゃんとやるようにした」というのです。

初めて目にするそんな子どもの姿を見ていると、Sさんの目に涙が浮かんできます。

「たった1回の催眠で、こんな理想的な展開になるわけがない」と否定しようとしますが、さっきの子どもの表情を思い出すと、これが本当のことに思えてきます。

「呼吸合わせのときに感じた息苦しさって、あの子の緊張感だったんだ」

「自分の緊張感をごまかすために、あの子はゲームをやっていたんだ」

Sさんはこんなことに気がつきます。

「催眠って面白い！」

Sさんは、「もっと催眠が上手くなって家族全員で幸せになりたい！」と欲張りなことを思うのでした。

3 催眠で相手との信頼関係を築く

催眠療法を使って、相手との信頼関係を高めることができます。

「相手に〝私を信頼しなさい〟という暗示をかけるの？」と想像する人もいるかもしれませんが、そんな面倒くさいことをする必要はありません。

呼吸合わせをして緊張状態がなくなると、「打ち解け合う」状態になりますから、自然とお互いの間に信頼関係のようなものが生まれます。

お互いの調子や気分がぴったり合うことを「息が合う」といいますが、まさに**「呼吸合わせ」で催眠状態にして「息が合う」ようになると、相手との「いい関係」をかんたんに作り出すことができてしまうのです。**

ケース3 「女だから」とバカにする部下と信頼関係を築きたい

会社員のYさんは、これまでの仕事ぶりが認められて役職につき、数名の部下を持つことになりました。

普通なら喜ばしいことですが、部下たちから、ことあるごとに女だからとバカにするような態度をとられ、Yさんは怒りを覚えていました。

電話がずっと鳴っているのに、誰も受話器を取ろうとしません。仕方がないのでYさんが取ります。

あとで、「電話はなるべく早く取るのがビジネスの基本マナーよ。ちゃんと取ってね」と部下たちに注意しますが、何度言っても、**「また無視なの!?」**と電話が鳴りっぱなしになってイライラさせられます。

来客がオフィスに入ってきても、気がついているはずなのに、ドア近くの誰一人コンピュータの前から立ち上がろうとしません。結局、Yさんが立ち上がって、「お待たせしました！　ご用件を伺います」と接客をします。

「来客があったら、お待たせしないですぐ接客して、用件を聞くようにしてね」と笑顔でやんわり諭《さと》しますが、それも無視される始末です。

すべてがこんな調子で、毎日「カチン！　カチン！」ときていたら、「部下と口もききたくない！　注意もしたくない！」という気持ちになり、部下は余計に仕事ができなくなり、お客様からのクレームも増え、その対処にYさんが追われる、という悪循環に陥っていました。

「男性の上司なら、こんな部下でもちゃんと指導できたのかな？」とものすごく嫌な、悔しい気持ちになってしまいます。

そんなときに私の催眠と出会って、**「催眠で相手と信頼関係を作る」**ことに興味を持ちます。

「女性だからとバカにしてるような連中と、そんなにかんたんに信頼関係が作れるの？」と半信半疑ながら、斜め向かいに座っている部下を相手に、「呼吸合わせ」をやってみることにします。

最初は、「なんで私があいつの呼吸に合わせなきゃいけないの？」と、ムカついてしまいます。

それでも、嫌な気分になりながら、部下の「吸う息」と「吐く息」に注目して、自分の身体を前後に動かしていると、「フッ」と肩の力が抜け、不快な緊張感が自分の中から解けていくのがわかります。

さらに続けると、呼吸合わせで自分自身が催眠状態に入ったみたいに、「この部下をうまく使わないと自分が損をするな」と、これまでに感じたことがない不思議な気持ちになってきました。

やがて「この部下をうまく使えそう」と思えてきて、**部下に対する批判的な気持ちが自分の中から薄れていきました。**

すると、その部下が書類を持ってYさんに近寄ってきて、「このクライアントさんからクレームが入ったのですが、フォローはどうしたらいいですか？」と素直に意見を聞いてきたそうです。

いつもだったら「今度はまたどんなバカをやってくれたんだ！」と眉間にシワを寄

せて問いただすところですが、なぜか部下に詳しい説明を促します。

そうやって聞いていたら、「いいよ、いいよ」という気持ちになるから不思議。

そして、「このお客さんに対しては私が責任を持って対応しておくから大丈夫だよ」と自然と部下を安心させる言葉が口から出てくる。

すると、いつも不貞腐《ふてくさ》れた態度をとっていた部下がちょっと涙目になって、「いつも、ありがとうございます、Yさんにはいつも迷惑をかけてばかりで本当にすみません」と謝ってきたので、思わずYさんにも熱いものがこみ上げてきます。

こうして、ほかの部下たちにも呼吸合わせを使って、徐々に信頼関係を構築することができるようになりました。

今では、**「ぴったり息の合った自慢のチームができた！」**と思えるようになったのです。

ケース4　営業先の相手と打ち解けてもっと大きな成果を上げたい

Mさんは、**「取引先の担当ともっと親しく話ができるようになったら営業成績が上がるのに」**と思っているのですが、どうしても打ち解けることができません。

取引先の担当者にも真面目なタイプが多くて、何度も顔を合わせているのに、なかなか距離が縮まらず、「決まった仕事しか回してもらえない」ということでストレスを感じていました。

Mさんは、これまで「話し方の本」とか「コミュニケーションスキルの本」をたくさん買って読んだのですが、いっこうに変化はありません。あいかわらず、相手の前に立つと頭が真っ白になって会話が続かず、気まずい雰囲気になるのです。

いろいろ試す中で、私の「呼吸合わせの催眠」のことを知り、**「もしかしたら、何かが変わるかも？」**と思って、取引先の担当者に試してみることにしました。

当日、Mさんは、途中の電車の中で、向かいの席の乗客を相手に「呼吸に注目して肩の動きを合わせる」を試そうとしますが、相手の呼吸を正確にとらえるのが難かしく、うまくいきません。本番でも、失敗しそうな予感がしました。

得意先で仕事の打ち合わせが始まり、早速、担当者の呼吸に注目しようとするのですが、**要領がつかめず、適当に肩を動かすだけになってしまいました。**

結局、いつもと同じように淡々と打ち合わせが終わってしまいました。

「1回めだし、やっぱり、効果なしか」とがっくりしていると、いきなり相手の担当者が、「そうだ、お菓子をもらったから食べる?」と言って、チョコレートの入った箱を持ってきてくれました。

それまでは、仕事の話が終わったら、すぐ立ち上がって、お決まりの挨拶をして、追い出されるように会社をあとにしていたのですが、今日は違います。

お菓子をいただきながら、「これでいいのかな?」と**不安なまま呼吸合わせを続けていたら、なんと担当者が、いつもなら言わない職場の愚痴を語り始めたのです。**

急にこれまでにない打ち解けた雰囲気になって、その場がパーッと明るくなごやかになりました。

それからは、その会社へ打ち合わせに行くたびに、担当者に呼吸合わせを繰り返していたら、数ヶ月後、なんと、これまでにはなかったような大きな仕事を発注してくれたのです。

相手の呼吸のリズムがつかめなくて、ちゃんと合わせられている気がしなかったのに、それでも相手が催眠状態になったのが不思議だし、相手に暗示をかけたわけでもないのに、相手と打ち解けることができたのも意外です。

Mさんの催眠に対するイメージがガラッと変わりました。

ほかの取引先でも同じように相手の呼吸に注目して肩を〝なんとなく〟動かしていると、以前とは違って打ち解けられている感覚になります。

そして、どんどん仕事が増えていくようになったのです。

4 催眠で相手の感情や本音を知る

「誰とでもいつも本音で話しています」という人は、まずいないでしょう。よほど親しいか信用できる相手でなければ、人は本音で喋りません。

裏を返せば、**相手から本音や本当の感情を引き出すのは、「けっこう大変な作業」**ということになります。

でも催眠をやっていると、これがかんたんにできるようになります。

はじめて会ってから時間がたっていないのに、**催眠の力で昔からの親友同士のような感覚になり、相手もそんな雰囲気の感情や言動をこちらに表してくるのです。**

ケース5　意中の男性を自分に振り向かせ、本心を聞き出したい

Fさんには、同じ職場に好意を寄せている男性がいて、なんとか距離を縮めたいと思っています。

男性のほうもFさんに対してまんざらでもなさそうなのですが、Fさんはその男性のちょっとした態度に傷ついたり、嫉妬心が湧いてムカついたりして、そのたびにいらだち、逆に男性に冷たい態度をとってしまいます。

「私のほうだけ向いて欲しい！」と、Fさんは日々悶々として、ストレスが溜まっていました。

そんなときに、私のセミナーに興味を持って、**「催眠で相手の本音や感情を引き出すことができる」**ことを知ります。

「ぜひ試してみたいけど、私がマジに彼のカノジョ候補じゃなかったらどうしよう？」と不安になります。

でも、どうしても確かめてみたい……。そこで、「催眠の呼吸合わせ」をその男性

に使ってみることにしました。

職場で手が空いた時間に、前の席に背を向けて座っている目当ての男性の呼吸だけに注目するようにして、**「吸って」そして「吐いて」という感じで、男性の肩の動きと自分の肩の動きを合わせていきます。**

始める前は、「男性を自分の思う通りに操れる！」と期待でワクワクしていましたが、実際にやってみると、「これって地味じゃん。効果ないかも」とテンションがどんどん下がっていきます。

でもFさんは、「ほかに自分にできることはないし」と思い直して、呼吸合わせを続けました。

最初は、「あれ？　今は息を吸ってる？　それとも吐いてる？」と男性の呼吸がわからなくてぎこちなかったのですが、だんだんとスムーズに合わせられるようになっていきます。

そうしたら、これまで感じたことのない**「男性の気持ちをいちいち考えなくてもいいじゃない」**という気持ちになってきました。

いつのまにか不安がどんどん消えていって、ただ呼吸を合わせることだけに集中している自分がいました。

1回めは、こんな感じで終わりましたが、はたして催眠がかかったのか、どんな効果があったのか、Fさんは確信がありません。

その翌日の昼休みの時間、なんとその男性のほうからFさんに話しかけてきました。

しかも、真剣な顔をして「自分は母親と子どもの頃から仲が悪くて、女性に対しての緊張感が半端《はんぱ》ないいんだよ」と、**とてもプライベートなことを語り始めた**ので、「え？　いきなり、そんな告白をされても！」と戸惑ってしまいます。

Fさんは、「これが、催眠で相手の本音や感情を引き出すことができる、ということなんだ」と自分に語りかけます。

さらに男性の話を聞きながら呼吸合わせを進めていくと、男性がFさんとお付き合いできるきっかけをずっと探していたことまで話してくれたのです。

「え？　うっそー！」と心の中で叫びそうになり、同時にFさんの胸につかえていたものが瞬間で溶けたような感じがして、知らないうちに目頭が熱くなってきていました。

ケース6　離婚を考えているが、夫の気持ちを確かめたい

Eさんの悩みは、自営業の夫が昨年から「食事のときでもスマホをいじっていて、ろくに家族と会話をしない」ということでした。着信があると、食事の途中でもすぐに何やら真剣に文字を打っています。

夫に「食事のときくらいスマホをしまって」と頼んでも、「会社を経営してると、いろいろあるんだ。いちいち命令するな！」と怒鳴りだす始末。

「あんなこと言ってるけど、本当は浮気相手とLINEでもしてるんじゃや？」とか「私に興味がないから、あんな態度をとるのかも？」などとあれこれ考えだすと、自分が哀れになってきて、**「もう、この人と一緒にやっていくのは無理！」と、Eさんは離婚を考えるようになりました。**

友だちに相談したら、みんな口を揃えて「そんな旦那とは別れちゃいなさいよ！」と言います。

でも、もともと面倒なことは嫌いな性格で、子どものことを考えると、かんたんに離婚に突き進むことができません。

夫の意思がはっきり「別れたい」というのであれば、道は自ずと決まってきます。夫の本音を聞き出したいと思い、私のセミナーで習った「呼吸合わせの催眠」を夫に使ってみることにします。

リビングのソファーに座っている夫を見ながら、キッチンから呼吸合わせを試します。

夫は、今日もじぃーっとスマホに見入っているので、呼吸を合わせるのはかんたんだろうと思っていましたが、そんな夫の姿を眺めているだけで、腹立たしさと気持ち悪さがじわじわとこみあげてきます。

「ダメだダメだ、もっと集中しなきゃ！」と夫の呼吸に必死に注目して、「吐く息」

と「吸う息」に合わせて肩を前後に動かしていきます。

そうしていると、夫と一緒にいる緊張感が、ものすごく高い空間に向かって消え去っていくような、不思議な感覚がしてきます。

さらに続けると、「こんな夫だけど、一緒にいるのも悪くないかも？」と、ちょっと甘えたくなるような気持ちが湧いてくるのですが、「いや、それだと同じことを繰り返すだけ」と気をとり直して、さらに呼吸合わせに集中します。

こんな調子で迷いながらも呼吸合わせを続けていたら、夫が急にスマホを机の上に置いて立ち上がると、「あのさー」とEさんに話しかけてきました。

「夫のほうから話しかけてくるなんて、いつ以来だろう!?」とEさんは素直に驚きます。

「催眠が効いたの？」と思うと、「やったー！」と喜びがこみあげてきました。

そのときに夫が話してくれたのは、会社の経営がうまくいってなくて、それをEさんになかなか伝えられなかった、とのこと。

「男としてのプライド」があって、なんとか生活レベルを落とさないで家族を支えていきたかったけど、どうにもならなくなった、今ここで君に相談したい――、とはじめて腹を割って話をしてくれたのです。

Eさんは、夫の話を聞きながら呼吸合わせを続けました。夫は、SNSで人脈を広げて支援者を集め、会社の経営をなんとか立て直そうとしていて、それが家族に誤解を与えてしまったようだとEさんに詫《わ》び、涙を流し始めます。

Eさんも思わずウルっときてしまいますが、必死に堪《こら》えて呼吸合わせを続けていきます。

「もっと早く相談すればよかった。助けて欲しい」と夫から言われ、Eさんの涙腺もついに崩壊。夫のことを抱きしめ、二人でしばらく泣き続けたそうです。その話を聞きながら、思わず私も涙があふれてきました。

5 催眠で相手のすごい力を引き出す

催眠のお師匠さんから教わった「呼吸合わせで催眠」を試してみると、なんの言葉がけをしなくても、自動的に相手の潜在力を引き出せるようになります。

また催眠を使う私のほうも、相手が催眠状態に入ると同時に、これまで気づかなかった自分自身の可能性を引き出し、「すごい力」を発揮できるように変わっていくのです。

ケース7 娘を部活のレギュラーにしてやりたい

Jさんは、高校のバレーボール部に入っている娘さんがいくら頑張ってもレギュラーになれないので、なんとか力になってやりたいと思うのですが、自分はバレーボールの経験もないし、何もしてあげられないことに悩んでいました。

そこで、**娘さんの隠れた才能を引き出してあげたいという一心で私の催眠療法を勉強します。**「子どもの部活のために催眠を習う母親なんて、私以外にいるのかな?」と思いながら。

そして、催眠チャレンジの1回め、部活から疲れて帰ってきて、食事をしている娘さんの愚痴を聞きながら、「呼吸合わせ」を始めます。

娘さんの呼吸に合わせて自分の肩を動かしていたら、**いつのまにか娘さんは、食事をやめて、コックリ、コックリと船を漕《こ》ぎはじめ、眠ってしまいます。**

「うそ! 催眠が効いたんだわ!」と驚いたり、「いや、部活で疲れて寝ちゃっているだけよね」と否定したりしつつ、食卓に突っ伏して眠っている娘さんの呼吸に注目して、黙って呼吸合わせを続けていきます。

やがて、催眠をかけている自分のほうも催眠状態に入っていき、娘が部活でバレーボールをしている姿が浮かんできます。

その姿を心の目で見ていたら、**「この子は、自分がレギュラーになったらほかの子のポジションを奪ってしまうことになると無意識に考えて、それでわざとレギュラーにならないようにしているんだ」**と、娘さんの優しさに気づきます。

同時に、「あなたはこれまで私たち家族にもいつも気を使って、自分の気持ちを押し殺して、私たちを支えてきてくれたのね」という思いがこみあげ、急に涙があふれてきました。

Jさんは、あふれる涙を頬で感じながら、「あなたはあなたのために生きていいんだよ！」と心の中で娘に声をかけてあげます。

そして、**「友だちのためなら、自分が犠牲になってもいい、という優しさが、あなたの持っている『すごい力』なんだね」**と実感したのです。

そのタイミングで娘さんが、「う〜ん」と目を擦《こす》りながら起き上がったので、Jさんは涙を見られないように、後ろを振り向きながら、「あなたって本当に素敵な女の子になったね！」と言いました。

娘さんはわけがわからず、「?・?・?」という感じです。

それからしばらくして、娘さんが家に帰ってくるや、**「お母さん！　私、やっとレギュラーになれたよ！」**と嬉しそうに報告してきました。

部活の監督は彼女のことをちゃんと見てくれていて、いつもほかのメンバーのことを考えてプレーしている彼女にぴったりのリベロのポジションを与えてくれました。娘さんも、「キャプテンの次にすごい役をもらった！」と大張り切りです。

まさに、娘さんは、Jさんが催眠をしていたときに感じた**「優しさというすごい力」**をバレーボールで発揮し、それが監督にも認められたのです。

Jさんは、これまで娘さんの「優しさ」で、自分たち家族がずっと支えられてきたことにあらためて感謝し、催眠の力に感動しました。

ケース8　暗記全般が苦手で学校の授業についていけない

Uさんの高校生の娘さんは、勉強が嫌い、というわけではないけれど、**暗記が苦手**

で、日本史の難しい名前や物理の公式が覚えられません。

ついこの前の試験の結果もさんざんで、「教科書の内容がちっとも頭に入ってこない。学校の授業についていけない」と母親に悩みを打ち明けました。

Uさんは、そんな娘さんをなんとか励まそうとして、「お母さんも学生の頃、暗記科目に苦労したわ。それでも頑張って、教科書を何回も繰り返し読んで、何回も書いて覚えたのよ」とアドバイスしました。

ところが娘さんは、**「自分は何回読んでも書いても、ちっとも頭に入ってこないから悩んでるのよ！　お母さんは全然わかってない！」**と泣きだしてしまいます。

いつまでも泣き止まないので、Uさんもつい感情的になって、思わず「あんたはまだまだ努力が足りないのよ！　だから何をやってもダメなのよ！」とひどいことを言ってしまいます。

「しまった！」と思いましたが、娘さんは、「お母さんなんて大っ嫌い！」と言い残して、自分の部屋に駆けこみます。

Uさんは、「もう！　勝手にしなさい！」と娘の背中にさらに追い討ちをかけてしまったのでした。

それ以来、娘さんは口もきいてくれなくなりました。

夫に相談すると、「勉強ができないのは、お前に似たんだろう？」とひどいことを言われ、「あー、どうしたらいいんだろう？」とUさんはひとり落ちこみます。

そんなときに、Uさんは私の本と出会い、催眠に興味を持つようになって、私のセミナーに参加します。**当初は、「催眠療法ですごい力を引き出す」というけれど、「うちの子にそんな『すごい力』なんてあるの？」と思っていたそうです。**

でも、「なんとか娘の学校生活を変えてやりたい」という一念で、「呼吸合わせの催眠」を練習してみることにしました。

友だちとお茶をしているときや、電車の乗客に試してから、いよいよ娘さんと家で食事をしているときに挑戦してみます。

冷戦状態が続いていて、娘さんはひたすら無言で箸を動かしています。

Uさんは、**ボーッと娘の肩に注目しながら、娘の呼吸に合わせて自分の肩を動かし**

てみます。

そうやって催眠をかけているときにも、「こんなことをやってなんの意味があるんだろう？」という考えが頭をよぎります。

「この子の努力が足りないだけで、そもそも〝すごい力〟なんてこの子の中にはないのでは？」と、身もふたもない考えが頭に浮かんできて、それを打ち消せずにいます。

ずっとこんな調子で、いつしか娘さんの食事が終わってしまい、相変わらず無言で食器をキッチンの流し台に持っていって、リビングでテレビを見始めます。

背を向けて座ってテレビを見ている娘さんの呼吸は、食事のときより観察しやすかったので、さらに呼吸合わせを続けました。

「娘が後ろ向きの状態でやっても催眠の効果があるのかしら？」という新たな疑問が湧いてくるまま続けていると、急に胸が苦しくなって、そのあとにフッと、**「この子は、いろんなものの〝仕組み〟を知りたがる子だった」**という娘の特徴を思い出しました。

たとえば、幼稚園の頃、一緒に道を歩いていると、つぶらな瞳で「車ってどうして動くの？」「車はどうして止まるの？」と次々に聞いてきて、「いちいち面倒くさいな」と思いながら、適当に説明をしていました。

するると、母親の説明の矛盾点をついてきたりするので、イラっとし、「ちゃんとまっすぐ前を向いて歩きなさい！」と怒ってごまかします。

「あのときは、自分がわからないからといって投げ出したりせず、きちんとした説明を娘にしてあげるべきだったな」と後悔の念が次から次へと湧いてきます。

「催眠をかけると、かけたほうが後悔で苦しくなるものなの？」と思いながら、「この子に対して悪いことをしてきたな」という罪悪感でいっぱいになってきます。

どんどん嫌なことが思い出され、反省を促されているような気分になって、呼吸合わせを続けたくなくなるのですが、「これまでと同じように、途中で投げ出したらダメだ。ほかに選択肢はない」という気持ちで、娘の呼吸に注目し続けます。

すると、**「この子には、物事の仕組みを自分で調べて理解する力がある」**と思えてきたのです。

「なぜ？」「なぜ？」という強い好奇心を活かして、いろんな教科に取り組めるようになれば、「この子はすごいことになる！」と確信できました。

そのとき、娘さんのことを心から尊敬できて、これまでの心配が嘘のように消えていきました。

それから、何度も食事中やテレビを見ている時間に娘さんの呼吸に合わせて催眠を行っていると、ますます娘さんに対する尊敬の気持ちが強くなり、それに合わせるように、娘さんは自室で勉強する時間が長くなっていきました。

そして、数ヶ月後の三者面談のときに、担任の先生から、「お嬢さんの成績が、どんどん伸びています！」と嬉しい報告があって、「え？　本当ですか!?」と思わず声に出して喜んでしまいます。

「わからない教科の先生のところに積極的に押しかけて、自分が納得のいくまで質問をしてくるようになったんです。そうしたら、**お嬢さんの成績がどの教科もみるみる上がってきて、それにつられるように、クラス全体の成績も上がりました**」と担任の先生が言います。

横に座っている娘さんを見ると、「ヘッヘッヘ！」と笑顔でUさんに対して小さくピースサインをしています。

「先生の前で、やめなさい！」と言ったものの、「この子はやっぱりすごい！」と心の中でUさんは驚きます。

「あの呼吸合わせの催眠が効いたんだ！」

Uさんも娘さんに、心の中でピースサインを送りながら、笑顔を向けたのでした。

6 催眠で〝孤独地獄〟から脱け出す

私は、みんなとワイワイ賑《にぎ》やかに食事をしているときでも、「誰か会話に入れていない人はいないだろうか？」とか「騒ぎすぎてほかのお客さんに迷惑がかかっていないだろうか？」などとあれこれ考えて気を回してしまうタイプでした。

だから、みんなと一体になってその場を心から楽しむことができません。「楽しい！」という演技はしますが、それを実感したことがなかったのです。

ところが、前にも書いたように、催眠のお師匠さんと一緒に行った奈良のお寺で、二人でただボーッと座っていたとき、私は初めて心から「誰かと一緒にいて楽しい」と感じていました。

催眠の無意識の中で、すべてを無意識に委ねて周りの人たちと一緒に美しい時間が流れていくあの感覚。

誰かのために生きるのではなくて、**今、ここで自分が生きている喜び**をはじめて味わうことができたのです。

ケース9　家事も仕事も頑張っているのに家族から感謝されない

Wさんは、小学生と中学生の二人の子どもを持つ共働きのお母さんです。

日々、仕事と家事に一生懸命頑張っていますが、夫からも子どもからも、感謝やねぎらいの言葉一つかけてもらえるわけでもありません。

「私のことを心の底から理解して寄り添ってくれる人が、この広い世界に一人もいないんだ」

今のような〝孤独地獄〟から一生脱け出せないような気がして、Wさんは人知れず絶望的な気分になっていたのです。

そんなときにWさんは藁《わら》にもすがる気持ちで、私の催眠療法に出会います。

「催眠療法で本当に解放されるのかな？」と疑問半分・期待半分で、とりあえず試してみることにしました。

まず、通勤電車の乗客を相手に練習してみます。

向かいに座った中年女性に注目をして、肩の動きを合わせていると、相手が居眠りを始めたので、「聞いていた通りの結果になった！」と急にワクワクしてきます。

相手の呼吸にだけ注目すること、そして自分の肩の動きを「吸う息と吐く息」に合わせること、この二つに集中します。

すると、いつもなら、相手がどんなことを思っているのか、ついあれこれ想像して緊張してしまうのですが、相手の呼吸にだけ注目していたら、いつのまにか何を考えるでもなく、ただボーッとしていることに気がつきます。

知らないうちに最寄りの駅に着いていました。

Wさんは、さらに、職場の同僚を相手に催眠の呼吸合わせを試してみました。**通勤電車のときと同じように「ボーッと」してきて、いつのまにか仕事の終業時間になっ**

ていました。

同僚や上司の気持ちをあれこれ詮索《せんさく》することなく、「仕事中にボーッとなった」のは初めての経験でした。

帰りの電車で、「あれ？　私、今日どんな仕事したっけ？」と思い出そうとしても思い出すことができなくて、ちょっとショックを受けます。

これまでは、その日の仕事をあれこれ後悔して、一人反省会や批判をしていたのに、それが全く浮かんできません。

家に帰ってもボーッとしてしまいます。二人の子どもが「大丈夫？」と声をかけてきて、いつもだったらWさんがやっていた食事の用意を手伝ってくれます。

「おー、楽ちん！」と、気がついたら、お風呂に入って寝るだけになっています。

バスタブにつかっていたら、Wさんの目から、不思議と涙が出てきます。

「これまでの自分は頑張りすぎていたから孤独だったんだ」

「頑張ってみんなから認めてもらえば孤独が解消できると思っていたけど、こうしてボーッとしたありのままの自分が愛されるんだ」

そんな今まで考えたこともない不思議な言葉が頭に浮かんできたら、さらに涙があふれてきました。

「え？　誰から愛されるの？」と心の中で尋ねると、「私があなたのことを愛しているよ！」と〝無意識さん〟がWさんに答えてくれます。

また涙があふれ、心が長年の〝孤独の呪縛〟から解かれていくのを感じました。

そのあと、「また、元の孤独な自分に戻ってしまうのでは？」という不安が襲いますが、「そうなっても、また呼吸合わせの催眠が、今の状態に戻してくれる」と信じることができました。

その日は安らかに眠り、穏やかな気分で目が覚めました。「ボーッとしながら」家族と楽しい朝のひとときを過ごすことができたのです。

ケース10　誰にも心を開けず、人間関係のトラブルが絶えない

Hさんは、同居している母親との関係が最悪でした。

母親は、いつも見当違いなことでHさんを叱ったり、余計なお節介をしてきます。

そんな母親とは毎日意見のぶつかり合いで喧嘩ばかりでしたが、いつしか「どうせ私が思っていることを説明したってわかってもらえない」と**自分の気持ちを母親に伝えることを諦めるようになりました。**

次第にHさんは、「誰も信用できない」と誰に対しても心を閉ざすようになり、**年齢を重ねるとともにやたらと人間関係のトラブルに見舞われるようになりました。**

たとえば、相手との関係が深まってくると、相手のちょっとした言動に引っかかり、言い争いになります。

相手は「それは誤解だよ！」と釈明するのですが、怒って関係を断ってしまう。そんなことの繰り返しでした。

こんなことでは誰ともうまくやっていけないことは本人もわかっていて、だから孤独でたまらないのですが、あるとき、**「母親との関係が悪影響を与えているんだ」**ということに気づきます。

「自分はあの母親のせいで、このままずっと人間関係で苦労し続けないといけないの？」

そうしたら、ますます**母親に対する怒りが湧いてきて、それが人間不信に拍車をかけ、ますます人間関係で不快なことが起きる、ということの連続でした。**

Hさんは、書店で見つけた私の本で催眠に興味を持ち、実際に催眠療法の効果を試してみたくなって、ある日、私のセミナーに参加しました。

そして、その翌日、Hさんは催眠の呼吸合わせを、病院の待合室で実践してみることにしました。

斜め正面で待っている人に呼吸を合わせていると、その人がうとうとして寝てしまいます。

自分の思い過ごしのような気がして、たっぷりある待ち時間に、ほかの人にも次々と呼吸を合わせていたら、やっぱり相手がうとうとします。

「催眠って本当にあるんだな」とHさんは実感しました。

そこで、Hさんは「自分をこんな目にあわせた母親に催眠をかけてやれ」と思い立ちます。

ある日のこと、母親がテレビを見ているときに、後ろから母親の呼吸に合わせて、自分の肩を前後に動かします。

やがて、母親と呼吸が合ってきたと思ったら、突然「パチッ！」とスイッチが入ったように、過去の嫌なことが次から次へと頭に浮かんできました。

「やっぱり母親と一緒にいると不快な気分にさせられる！」と怒りを感じながらも呼吸を合わせていくと、**「あ！　この不快な気分って、お母さんの心の傷が私に伝わってきているんだ！」**ということに気がつきます。

そして、父親が家庭に無関心でいつも寂しそうにしていた母親、意地悪だった姑の介護を不平も言わずに一生懸命やっていた母親の姿が浮かんできて、「そうだね、お母さんも愛されなかったんだね」と思ったら、いきなり涙がボロボロこぼれてきました。

さらに呼吸合わせを続けていたら、自分自身がボーッとした催眠状態の中で、**「私は、お母さんの〝誰からも愛されなかった心の傷〟を引き受けて、これまで生きてきたんだ」**ということに気づかされました。

「でも、もう私はお母さんの心の傷を手放していいのかも」

心の中で今まで母親にしがみついていた自分の心の手を放します。

同時に、スッと心が軽くなり、気がつくと母親は、いつのまにかテレビの前でスヤスヤと眠ってしまっていました。

Hさんは、心の中で母親を抱きしめて、「お母さん、ありがとう」と小さくつぶやきました。

次の朝、ずいぶん長い間連絡がなかった高校時代の友人からLINEが入っていました。

たったそれだけなのに、心の底から「私は一人じゃない！」という強い思いが湧いてきました。いつの間にか不思議な一体感が無意識の中で感じられ、それがどんどん広がっていったのです。

「これからどんな人たちと出会って、どんなワクワクする出来事が待っているんだろう！」

Hさんは、それがとても楽しみになったのです。

おわりに

私が子どもの頃に『ベスト・キッド』というアメリカ映画が流行《はや》りました。主人公のひ弱な男の子が、日系人のおじさんに空手を教えてもらいながら、肉体的にも精神的にもたくましく成長していく物語です。

男の子は「強くなりたい」という一心でおじさんのところに通っているのですが、車のワックスがけくらいしかやらせてもらえない。「ワックスを車に塗って、反対の手に持った雑巾でそれを拭き取る」。おじさんは独特の英語の発音でそう繰り返すだけです。

主人公は「こんなくだらないことを続けていても、強くはなれない！」と文句たらたら。当時の私は、「きっと、すごいことを教えてもらっているに違いないんだから、黙ってやっていればいいのに」と、心の中で主人公に突っ込みを入れていました。

おわりに

そんな私が大人になり、催眠のお師匠さんから催眠療法を習うようになったのですが、今度は自分が「こんな地味なことを繰り返していても、できるようになれない！」と心の中で文句を言っていました。催眠療法って、もっと派手で格好いいものだと勝手にイメージしていたのです。

お師匠さんにやらされるのは、「息を吸って、そして吐いて」と、ひたすら「呼吸合わせ」の繰り返し。相手にイエスと言わせる地味な技。そして、「スクリプト（物語）づくり」の眠気を催す退屈さ……。

不満が渦巻く私の頭に突然浮かんできたのが、『ベスト・キッド』の主人公でした。

「あ！　あの映画の男の子と自分は一緒だ！」

そのときから、私の行動は変化しました。

電車の中で、対面に座った乗客を練習台に「吸って、吐いて」と「呼吸合わせ」を実践。仕事をしているときも、「イエスセット」を3連続。苦手なスクリプトづくりは、ワックスがけと拭き取りの繰り返しに明け暮れていた主人公にならい、「淡々と」反復練習を行いました。

そのうち「あれ？　私ってこんなに努力ができる人だっけ？」と思うように。それまでの自分は、何をやっても三日坊主で終わっていたのです。

これまで学校でも仕事でも練習とか予習・復習とか一切できなかった私が、「あれ？　この催眠療法だけは、初めて練習をして予習・復習をするようになっているぞ？」と自分自身の変化に驚かされました。

でも、この自分の変化に気がついたときに、「あ！　催眠のお師匠さんにやられた！」と悔しくなりました。私が「こんなに真面目に練習したことなんてないのに」と思ったときにかぎって、お師匠さんが読んでくれたスクリプトがフッと頭に浮かんでくるのです。詳しくは覚えていないのだけど、なんとなくぼんやりと、朝日が浮かぶ風景の中で物語を作る少年の話を、お師匠さんの優しい声で聞かされたことが思い出されます。

このようにして、「こんな地味な催眠療法、何の役にも立たないじゃん」と思っていた私が、お師匠さんの催眠スクリプトで、自分でも気づかないうちに怠け者のおっさんから練習熱心な若者に変えられていたのです。

そして、この「練習熱心な若者」というのは、子どもの頃から自分が求めていた姿でした。「そんなの絶対に無理」と諦めていたのが、お師匠さんのあの退屈なスクリプトを聞くことで無意識が働きだし、知らず知らずのうちにそういう自分を手に入れていたのです。

お師匠さんの催眠スクリプトの怖いのは、直後に変化が感じられるのではなく、時間がたってから「あれ？」と気がつくところです。

私には中学の頃から「本を書きたい」という夢がありました。催眠のお師匠さんは私の願いを聞き、スクリプトを読んでくださいました。でも、「すらすらと書けるようになるはずないじゃん！」と思っていました。

実際、翌日からすぐにすらすら文章が書けるようになったわけではありません。しかし10年後、もうこれからはお師匠さんと直接お話しすることができなくなった、と知ったそのときに、お師匠さんのスクリプトの効果を思い知らされることになったのです。

私は「お師匠さんと一緒に本を書きたかったな」と思いながら、今も毎日のように文章を書き続けています。

今回、本書の「おわりに」を書くにあたり、もう一度、書き上げた本文を読み返してみました。すると、「あれ？　私ってこんな真面目な文章を書く人だったっけ？」と不思議な気分になりました。何だか、自分がこれまで書いてきた文章とは違う感じ。まるで、お師匠さんの文章を読んでいるような感覚です。

この本は、お師匠さんから教わった催眠がテーマの本のせいか、作る過程で、「お師匠さんが一緒に私の夢を叶えてくれている」ということが感じられました。そして、「あ！　一人で書いているんじゃないんだ！」と気がつくのです。

「こんな地味な催眠療法じゃ何の役にも立たない！」と息まいていたアホな若者が、お師匠さんによって成長し、心の中のお師匠さんと一緒に本を書くようになっていった。地味な催眠療法に映るかもしれないけれど、お師匠さんとともに書いたスクリプトは、きっと読んでくださった方の願いをいつのまにか叶えてくれると信じています。

今、こうして書いている私のように――。

令和二年　葉月

大嶋信頼

大嶋信頼（おおしま　のぶより）

心理カウンセラー、株式会社インサイト・カウンセリング代表取締役。米国・私立アズベリー大学心理学部心理学科卒業。ブリーフ・セラピーのFAP療法（Free from Anxiety Program）を開発し、心的外傷をはじめ多くの症例を治療している。アルコール依存症専門病院、周愛利田クリニックに勤務する傍ら東京都精神医学総合研究所の研修生として、また嗜癖問題臨床研究所付属原宿相談室非常勤職員として依存症に関する対応を学ぶ。嗜癖問題臨床研究所付属原宿相談室室長を経て、株式会社アイエフエフ代表取締役として勤務。「どんな人でも心の傷があり、その人が認識していない心の傷でも治療することで、もっと自由に生きることができるのではないか？」と心的外傷治療に新たな可能性を感じ、インサイト・カウンセリングを立ち上げる。カウンセリング歴26年、臨床経験のべ9万件以上。著書に『「自分を苦しめる嫌なこと」から、うまく逃げる方法』（光文社）、『あなたの才能があなたを苦しめる』（すばる舎）、『いつも人のことばかり考えて凹んでしまうあなたが「ま、いっか」と思える本』（永岡書店）、『憂うつデトックス―「未来の不幸な自分」が幸せになる方法―』（ワニブックス）、『無意識さんの力で無敵に生きる―思い込みを捨て、自由自在の人生を手に入れる方法―』（青山ライフ出版）、『催眠ガール』（清流出版）などがある。

無意識《むいしき》さん、催眠《さいみん》を教《おし》えて

2020年9月30日　初版1刷発行
2023年6月５日　　　2刷発行

著　者　大嶋信頼《おおしまのぶより》
発行者　三宅貴久
発行所　株式会社 光文社
〒112-8011　東京都文京区音羽1-16-6
電話　編集部 03-5395-8172　書籍販売部 03-5395-8116　業務部 03-5395-8125
メール　non@kobunsha.com
落丁本・乱丁本は業務部へご連絡くだされば、お取り替えいたします。
組　版　萩原印刷
印刷所　萩原印刷
製本所　国宝社

ISBN 978-4-334-95192-4